解きながら学ぶ

構造力学

塚野路哉 著

学芸出版社

はじめに

構造力学とは、建築物に荷重が作用した際の反応（変形・振動など）を解析するために用いるものです。一般に、下記のような項目で構成されていますが、それぞれの項目が多様に関連していることから、難解に感じる人が多いのも事実です。本書は、建築士試験範囲内の力学を対象として、各項目のつながりを重視した解説を行っています。初学者の一助となれば幸いです。

塚野 路哉

[各章の位置付け]

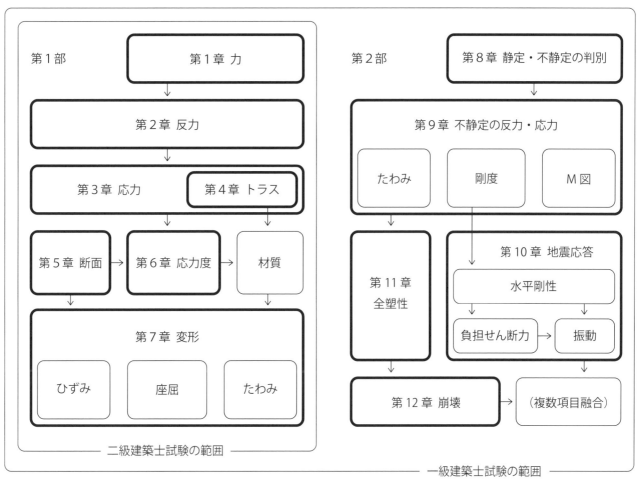

[図表の利用]

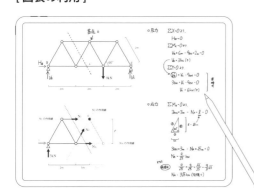

本書で用いている各種問題や図表は、各頁の QR コードよりダウンロードすることができます。これらを用いると、タブレット端末による手書きノートの作成や苦手分野だけを集めた独自問題集、もしくはオンラインの共同作業など、様々な学習方法が可能です。ICT 学習等にぜひ活用ください。

[まとめてダウンロード https://book.gakugei-pub.co.jp/mokuroku/book/4067/all-image.zip]

第1章 力 — p.6

P

$M = P\ell$

$\omega\ell$

$\dfrac{\omega\ell}{2}$

第2章 反力 — p.22

$\begin{cases} \Sigma X = 0 \\ \Sigma Y = 0 \\ \Sigma M = 0 \end{cases}$

V

H V

H M V

$\Sigma M_{右} = 0$

$\Sigma M_{左} = 0$

第3章 応力 — p.34

$\begin{cases} \Sigma X = 0 \\ \Sigma Y = 0 \\ \Sigma M = 0 \end{cases}$

M N Q

N M Q

第4章 トラス — p.54

N_2

N_1

第5章 断面 — p.66

$S_x = A \cdot y_0$

$I_x = \dfrac{bh^3}{12} \ (+bh\,y_0{}^2)$

$Z_x = \dfrac{I_x}{h/2} = \dfrac{bh^2}{6}$

第6章 応力度 — p.78

$\sigma = \dfrac{N}{A}$

$\tau = 1.5 \times \dfrac{Q}{A}$

$\sigma_b = \dfrac{M}{Z}$

材質 — p.91

$\varepsilon = \dfrac{\delta}{\ell}$

$E = \dfrac{\sigma}{\varepsilon}$

第7章 変形 — p.90

ひずみ — p.91

$\delta = \dfrac{N\ell}{EA}$

座屈 — p.98

$P_e = \dfrac{\pi^2 EI}{\ell_k{}^2}$

たわみ — p.106

$\delta = \dfrac{P\ell^3}{3EI} \quad \dfrac{P\ell^3}{48EI}$

$\delta = \theta \cdot \ell$

$\theta = \dfrac{P\ell^2}{2EI} \quad \dfrac{P\ell^2}{16EI}$

第2部　不静定

第8章 静定・不静定の判別 ── p.120

$$m = (n + s + r) - 2k$$

$m < 0$ ・・・ 不安定
$m = 0$ ・・・ 安定、静定
$m > 0$ ・・・ 安定、不静定

第9章 不静定の反力・応力 ── p.126

たわみ ─ p.127

$$\delta = \frac{P\ell^3}{3EI}$$

$$\delta = \theta \cdot \ell$$

$$\theta = \frac{P\ell^2}{2EI}$$

$$\begin{cases} \Sigma X = 0 \\ \Sigma Y = 0 \\ \Sigma M = 0 \end{cases}$$

\+

or

剛度 ── p.137

$$EI$$

$$K = \frac{EI}{\ell}$$

$$M_a : M_b = K_a : K_b$$

or

M 図 ── p.144

$$Q = \frac{M_a + M_b}{\ell}$$

（ Q の値 = M 図の傾き ）

第 11 章 全塑性 ─ p.164

$$M_P = T \times j = C \times j$$

$$\sigma_y = \frac{M_P}{Z_P}$$

$$Z_P = \frac{bh^2}{4}$$

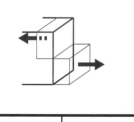

第 10 章 地震応答 ── p.150

水平剛性 ── p.151

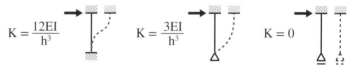

$$K = \frac{12EI}{h^3}$$

$$K = \frac{3EI}{h^3}$$

$$K = 0$$

負担せん断力 ─ p.151

$$Q = K \cdot \delta$$

$$\left(K = \frac{Q}{\delta} \right)$$

振動 ── p.157

$$T = 2\pi\sqrt{\frac{m}{K}}$$

$$Q = m \cdot S_a$$

第 12 章 崩壊 ── p.172

$$\Sigma P_u \cdot \delta = \Sigma M_P \cdot \theta$$

$$Q = \frac{M_a + M_b}{\ell}$$

$$\delta = \theta \cdot \ell$$

（複数項目融合）─ p.181

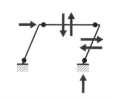

5

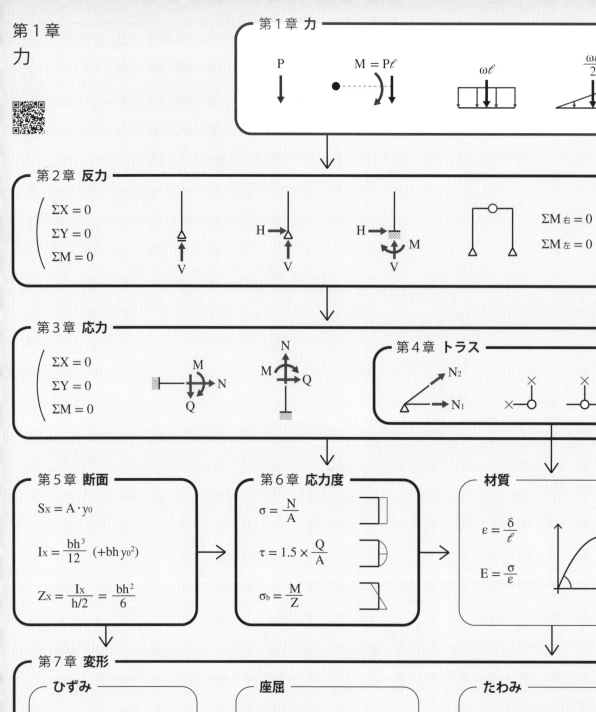

第1章 **力**

P $M = P\ell$ $\omega\ell$ $\dfrac{\omega\ell}{2}$

第2章 **反力**

$$\begin{cases} \Sigma X = 0 \\ \Sigma Y = 0 \\ \Sigma M = 0 \end{cases}$$

$H \rightarrow$ V $H \rightarrow$ M V $\Sigma M_右 = 0$

$\Sigma M_左 = 0$

第3章 **応力**

$$\begin{cases} \Sigma X = 0 \\ \Sigma Y = 0 \\ \Sigma M = 0 \end{cases}$$

M N Q N M Q

第4章 **トラス**

N_2 N_1

第5章 **断面**

$S_x = A \cdot y_0$

$I_x = \dfrac{bh^3}{12} \ (+bh\,y_0{}^2)$

$Z_x = \dfrac{I_x}{h/2} = \dfrac{bh^2}{6}$

第6章 **応力度**

$\sigma = \dfrac{N}{A}$

$\tau = 1.5 \times \dfrac{Q}{A}$

$\sigma_b = \dfrac{M}{Z}$

材質

$\varepsilon = \dfrac{\delta}{\ell}$

$E = \dfrac{\sigma}{\varepsilon}$

第7章 **変形**

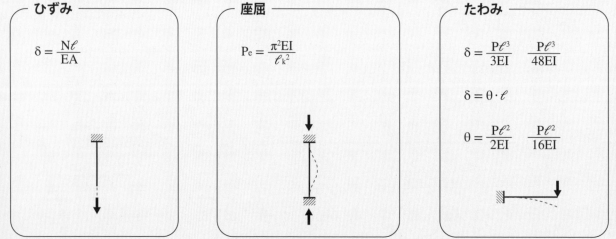

ひずみ

$\delta = \dfrac{N\ell}{EA}$

座屈

$P_e = \dfrac{\pi^2 EI}{\ell_k{}^2}$

たわみ

$\delta = \dfrac{P\ell^3}{3EI} \quad \dfrac{P\ell^3}{48EI}$

$\delta = \theta \cdot \ell$

$\theta = \dfrac{P\ell^2}{2EI} \quad \dfrac{P\ell^2}{16EI}$

[荷重の種類]

構造力学では、地震力や風圧力など建築物に作用する様々な外力を、❶ **集中荷重 P**、❷ **モーメント荷重（回転力）M**、❸ **分布荷重（等分布荷重、等変分布荷重）ω** のいずれかにモデル化（単純化・理想化）し、計算に用いる。

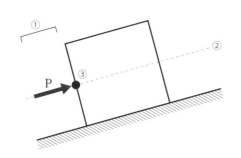

❶ 集中荷重 P

ニュートン、キロニュートン

（単位：N, kN ）

部材のある1点に集中して作用する荷重である。この力は、左図のようにベクトル（ ➡ ）で表され、下記の3要素によって示される。

> ① 力の大きさ　　　・・・ ベクトルの長さ
>
> ② 力の向き　　　　・・・ 作用線
>
> ③ 力の作用する位置 ・・・ 作用点

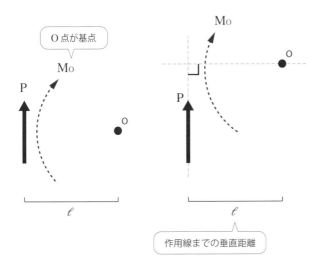

O 点が基点

M_O

P

O

ℓ

M_O

P

O

作用線までの垂直距離

ℓ

❷ モーメント荷重 / 回転力 M

（単位：N•mm, kN•m ）

物体を回転させる力であり、<u>力の大きさ</u>に<u>作用線までの垂直距離</u>を乗じて求める。

$$M_O = P \cdot \ell$$

モーメントは中心となる点（基点）を添字で表し、右回転（時計回り）の符号を「＋」、左回転（反時計回り）を「－」として計算に用いる。

① 等分布荷重

② 等変分布荷重

ω

ℓ

ω

ℓ

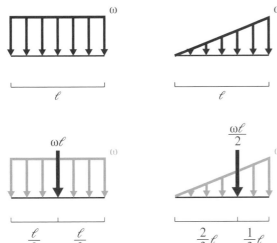

$\omega\ell$

$\dfrac{\ell}{2}$　$\dfrac{\ell}{2}$

$\dfrac{\omega\ell}{2}$

$\dfrac{2}{3}\ell$　$\dfrac{1}{3}\ell$

❸ 分布荷重（等分布荷重、等変分布荷重）ω

（単位：kN/m, N/mm ）

広い範囲に作用する積雪荷重や土圧などをモデル化したものであり、均等に作用する「① **等分布荷重**」と、大きさが一定の割合で変化する「② **等変分布荷重**」に分けられる。いずれも、計算に用いる際には合力（集中荷重としてまとめた力）に置き換える必要があり、① 等分布荷重の場合は ω×ℓ が中央に、また、② 等変分布荷重の場合は ω×ℓ の半分が 2：1 の位置に作用するものとみなす。

> 分布荷重全体を図形としてみると、合力の大きさは面積と等しく、作用点の位置は図心（重心）と等しい。

基本問題　No.1

図のような力が作用するとき、O 点に生じるモーメント Mo の値を求めよ。

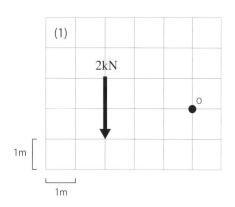

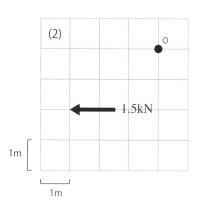

基本問題　No.2

図のような複数の力が作用するとき、O 点に生じるモーメント Mo の値を求めよ。

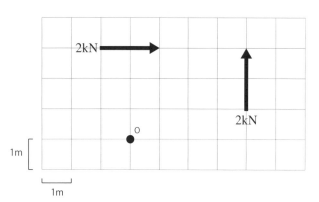

基本問題　No.3

図のような分布荷重が作用するとき、合力 R の大きさと作用点位置を求めよ。

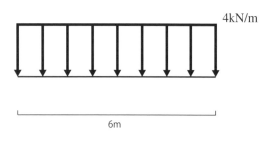

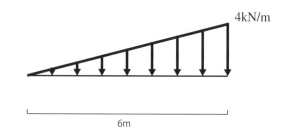

解法手順　No.1

O 点に生じるモーメント（回転力）M_O は、「力の大きさ× 作用線までの垂直距離」によって計算する。
また、回転方向により符号（＋、－）を示す。

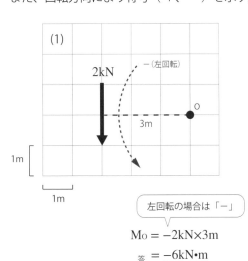

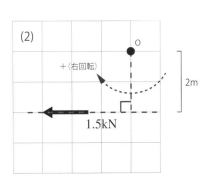

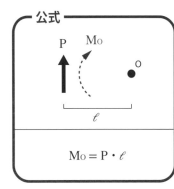

公式

$$M_O = P \cdot \ell$$

左回転の場合は「－」

$$M_O = -2kN \times 3m$$

答 $= \underline{-6kN \cdot m}$

右回転の場合は「＋」

$$M_O = 1.5kN \times 2m$$

答 $= \underline{3kN \cdot m}$

作用線までの距離に注意

解法手順　No.2

複数の力が作用する場合は、それぞれの荷重によって生じるモーメントを加算して求める。

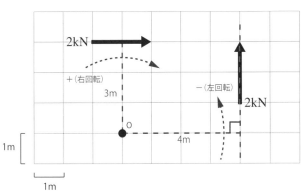

$$M_O = 2kN \times 3m - 2kN \times 4m$$

$$= 6kN \cdot m - 8kN \cdot m$$

答 $= \underline{-2kN \cdot m}$

答えの符号が「－」であるということは、
O 点が左回転することを意味している。

解法手順　No.3

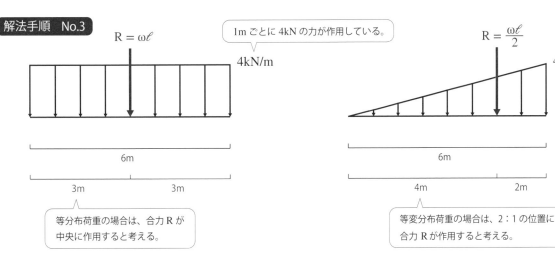

$R = \omega\ell$

1m ごとに 4kN の力が作用している。

4kN/m

$R = \dfrac{\omega\ell}{2}$

4kN/m

6m

3m　3m

6m

4m　2m

等分布荷重の場合は、合力 R が
中央に作用すると考える。

等変分布荷重の場合は、2：1 の位置に
合力 R が作用すると考える。

$$R = \omega\ell = 4kN/m \times 6m$$

答 $= \underline{24kN}$

$$R = \frac{\omega\ell}{2} = \frac{4kN/m \times 6m}{2}$$

答 $= \underline{12kN}$

基本問題　No.4

図のような平行な 2 つの力 P_1、P_2 が作用するとき、A、B、C の各点におけるモーメント M_A、M_B、M_C の値を求めよ。

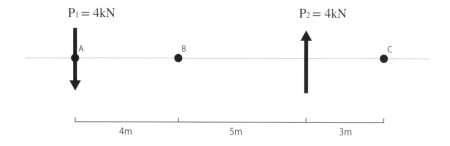

基本問題　No.5

図のような分布荷重が作用するとき、O 点に生じるモーメント M_O の値を求めよ。

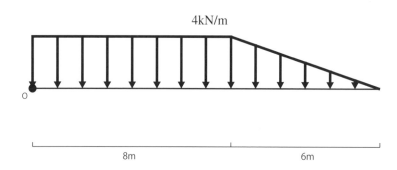

複数の力が作用する場合のモーメントは、それぞれの荷重によって生じるモーメントを加算して求める。

A点のモーメント

$M_A = P_1 \times 0m - P_2 \times 9m$
$\quad = 4kN \times 0m - 4kN \times 9m$
$\quad$ 答 $= \underline{-36kN \cdot m}$

$M_B = -P_1 \times 4m - P_2 \times 5m$
$\quad = -4kN \times 4m - 4kN \times 5m$
$\quad$ 答 $= \underline{-36kN \cdot m}$

$M_C = -P_1 \times 12m + P_2 \times 3m$
$\quad = -4kN \times 12m + 4kN \times 3m$
$\quad$ 答 $= \underline{-36kN \cdot m}$

補足

なお、この問題のように「① 大きさが等しい」「② 平行」「③ 逆向き」の3条件が揃う2つの力を**偶力**とよび、偶力によって生じるモーメントは、基点位置に関係なく「片方の荷重 × 中心距離」によって求めることができる。つまり、M_A、M_B、M_C はいずれも同じ値であり、$-4kN \times 9m$ より算出することができる。

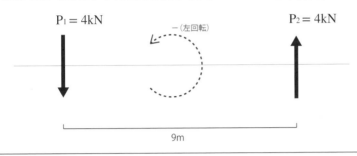

$P_1 = 4kN$　　　－（左回転）　　　$P_2 = 4kN$

左回転の場合は「－」

$M_A = M_B = M_C = -4kN \times 9m$
答 $= \underline{-36kN \cdot m}$

9m

等分布荷重および等変分布荷重をそれぞれ合力に置き換え、O点に生じるモーメント M_O を求める。

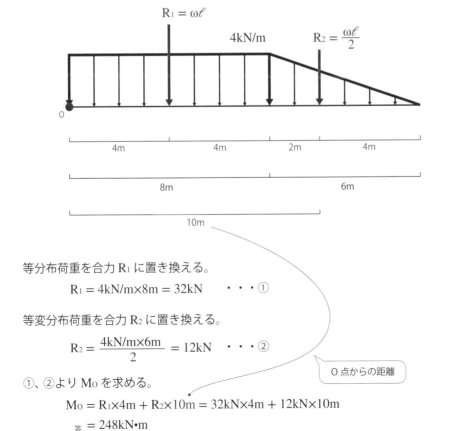

$R_1 = \omega\ell$　　　4kN/m　　　$R_2 = \dfrac{\omega\ell}{2}$

O　　4m　　4m　　2m　　4m

8m　　　6m

10m

公式

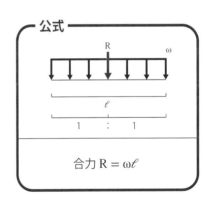

R　　　ω

ℓ

1　：　1

合力 $R = \omega\ell$

公式

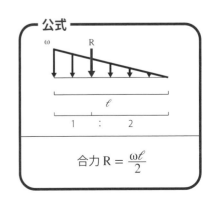

ω　　R

ℓ

1　：　2

合力 $R = \dfrac{\omega\ell}{2}$

等分布荷重を合力 R_1 に置き換える。
$\quad R_1 = 4kN/m \times 8m = 32kN$　　・・・①

等変分布荷重を合力 R_2 に置き換える。
$\quad R_2 = \dfrac{4kN/m \times 6m}{2} = 12kN$　　・・・②

O点からの距離

①、②より M_O を求める。
$\quad M_O = R_1 \times 4m + R_2 \times 10m = 32kN \times 4m + 12kN \times 10m$
$\quad$ 答 $= \underline{248kN \cdot m}$

練習 1-1 （解答 p.186）

図のような力が作用するとき、O 点に生じるモーメント M_O を求めよ。

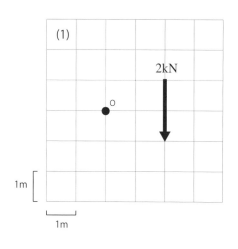

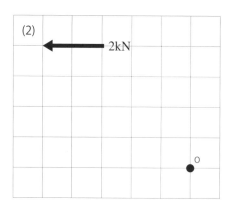

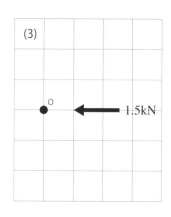

練習 1-2 （解答 p.186）

図のような複数の力が作用するとき、O 点に生じるモーメント M_O を求めよ。

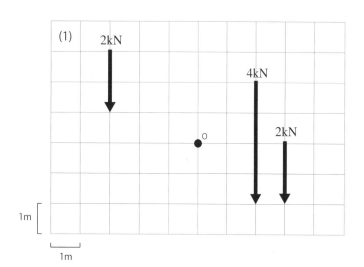

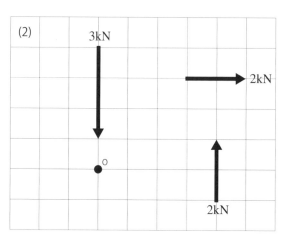

練習 1-3 （解答 p.186）

図のような分布荷重が作用するとき、O 点に生じるモーメント M_O を求めよ。

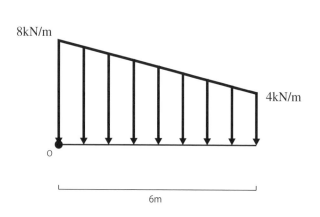

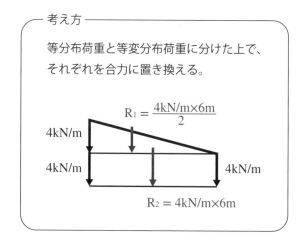

考え方

等分布荷重と等変分布荷重に分けた上で、それぞれを合力に置き換える。

$$R_1 = \frac{4kN/m \times 6m}{2}$$

$$R_2 = 4kN/m \times 6m$$

[力の合成・分解]

１つの力を等しい効果をもつ複数の力に分けることを**力の分解**といい、分けられたそれぞれの力を分力という。反対に、複数の力を等しい効果をもつ１つの力にまとめることを**力の合成**といい、まとめた力を合力という。

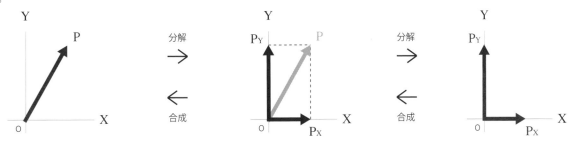

力の分解・合成は、上図のように軸と並行な補助線（------）を描くことで図解できる。なお、ベクトルは力の大きさを「長さ」で表しているため (参照：p.7)、P を分割した P_X や P_Y の大きさもまた、ベクトルの長さより算出できる。例えば、下図のように P が 60° の角度で作用している場合、P と P_X、P_Y の比は 30° 60° 90° の直角三角形における３辺の比「 $1：\sqrt{3}：2$ 」に等しく、「 $P_X：P_Y：P = 1：\sqrt{3}：2$ 」である。そのため、P = 2kN であれば、三角比より「 $P_X = 1kN$ 」「 $P_Y = \sqrt{3}kN$ 」であることがわかる。

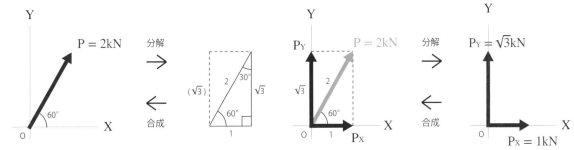

代表的な三角比

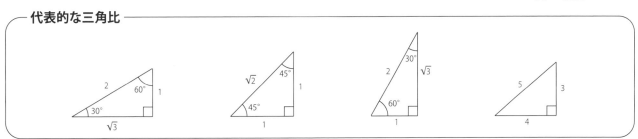

さらに、合成・分解の前後で力の効果は変化しないため、「分解・合成前の力によって生じるモーメント」と「分解・合成後の力によって生じるモーメントの総和」は等しく、下記の関係が成り立つ。

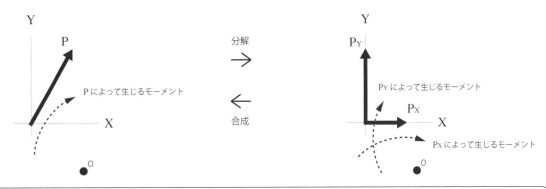

P によって生じるモーメント ＝ P_X によって生じるモーメント ＋ P_Y によって生じるモーメント

基本問題　No.6

図のような力 P を、X、Y 軸を通る 2 つの力 P_X と P_Y に分解せよ。

(1)
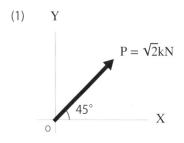

(2)
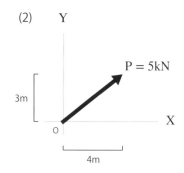

基本問題　No.7

図のような平行の 2 力 P_1、P_2 を合成したとき、合力 R の大きさ及び A 点から作用線までの垂直距離を求めよ。

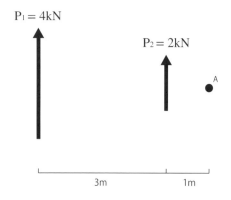

基本問題　No.8

図のような力 P を平行な V、U 軸上の 2 力 P_V、P_U に分解したとき、P_V、P_U の大きさを求めよ。

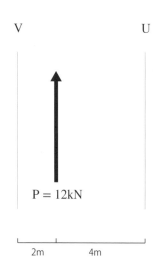

解法手順　No.6

三角比より分解後の力 P_X、P_Y の値を求める。

(1)

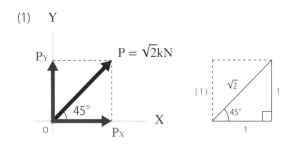

「$P_X : P_Y : P = 1 : 1 : \sqrt{2}$」「$P = \sqrt{2}kN$」より

答　$\underline{P_X = 1kN}$

答　$\underline{P_Y = 1kN}$

$P_X : P = 1 : \sqrt{2}$
$P_X : \sqrt{2}kN = 1 : \sqrt{2}$
$P_X \times \sqrt{2} = \sqrt{2}kN \times 1$
$P_X = 1kN$

「A : B = a : b」
↓
「A×b = B×a」

(2)

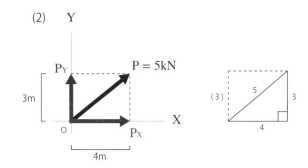

「$P_X : P_Y : P = 4 : 3 : 5$」「$P = 5kN$」より

答　$\underline{P_X = 4kN}$

答　$\underline{P_Y = 5kN}$

解法手順　No.7

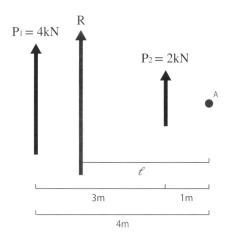

P_1 と P_2 は平行である（同じ向きに作用している）ため、合力 R の大きさは P_1 と P_2 の和として求められる。

$$R = P_1 + P_2 = 4kN + 2kN = \underline{6kN}$$

左図のように A 点から合力 R までの距離を ℓ とし、「合力によって生じるモーメント」と「合成前の力によって生じるモーメントの総和」は等しいという関係を用いることで、A 点から合力 R の作用線までの位置が求められる。

$$\underline{R \times \ell} = \underline{P_1 \times 4m + P_2 \times 1m}$$

合力によって生じるモーメント　　合成前の力によって生じるモーメントの総和

$$6kN \times \ell = 4kN \times 4m + 2kN \times 1m$$

答　$\ell = \underline{3m}$

解法手順　No.8

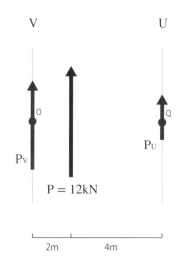

左図のように V、U 軸上に O 点、Q 点を置き、「分解後の力によって生じるモーメントの総和」と「分解前の力によって生じるモーメント」が等しいという関係を用いることで、V 軸上の分力 P_V と、U 軸上の分力 P_U をそれぞれ求める。

O 点を基点としたモーメント M_O

$$P_V \times 0m - P_U \times 6m = -P \times 2m$$
$$-6P_U = -12kN \times 2m$$

答　$\underline{P_U = 4kN}$

Q 点を基点としたモーメント M_Q

$$P_V \times 6m + P_U \times 0m = P \times 4m$$
$$6P_V = 12kN \times 4m$$

答　$\underline{P_V = 8kN}$

練習 1-4（解答 p.187）

図のような力 P を、X、Y 軸を通る 2 つの力 P_X と P_Y に分解せよ。

(1)

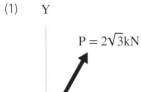

(2)

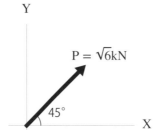

(3)

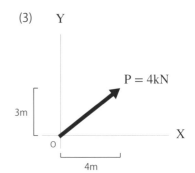

練習 1-5（解答 p.187）

図のような P_1、P_2 を合成したとき、合力 R の大きさ及び A 点から作用線までの位置を求めよ。

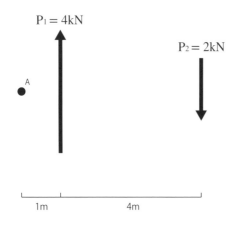

練習 1-6（解答 p.187）

図のような力 P を平行な V、U 軸上の 2 力 P_V、P_U に分解したとき、P_V、P_U の大きさを求めよ。

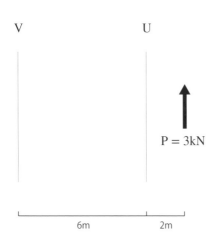

[力のつり合い]

建築物に力が作用しても静止している状態を**つり合っている**といい、左下枠内に示した3種類のつり合い条件式によって示される。

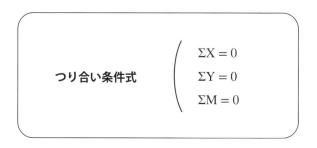

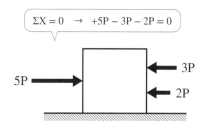

Σ（シグマ）は総和を意味する。つまり、「$\Sigma X = 0$」とは、「X 軸方向（水平方向）の力をすべて加算すると 0 になる」という意味であり、右上図のように建築物が横に動かない状態を意味している。同様に、「$\Sigma Y = 0$」は Y 軸方向（鉛直方向）の力の総和が 0 であることを意味し、建築物が浮き沈みしない状態を表す。さらに、「$\Sigma M = 0$」は建築物が回転しないことを意味し、これら3条件が揃うと建築物は静止している（つり合っている）ことになる。反対に、建築物として成り立っている（静止している）のであれば、この3条件はいずれも成り立つ。

■ 符号のルール

「$\Sigma X = 0$」を計算する際は、右向きの荷重を「＋」、左向きの荷重を「－」として加算する。また、「$\Sigma Y = 0$」を計算する際は、上向きの荷重を「＋」、下向きの荷重を「－」として加算する。そして、「$\Sigma M = 0$」を計算する際は、右回転（時計回り）のモーメントを「＋」、左回転（反時計回り）のモーメントを「－」として加算する。

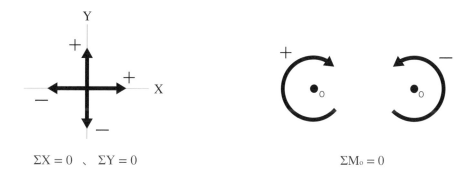

$\Sigma X = 0$ 、 $\Sigma Y = 0$ $\Sigma M_o = 0$

―― 補足 ――――――――――――――――――――――――――――――――――

[示力図]

複数の力がつり合っている場合（構造体が静止している場合）、それらのベクトルを平行移動してつなげると、右下図のように始点と終点が一致する（示力図が閉じる）。つまり、複数の力がつり合っていれば示力図は閉じ、反対に示力図が閉じる複数の力はつり合っているといえる。

基本問題　No.9

図に示す3つの力がつり合っているとき、P_2とP_3の値を求めよ。

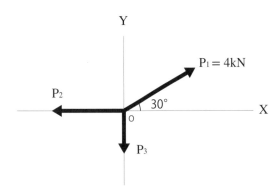

基本問題　No.10

図のような4つの力P_1～P_4がつり合っているとき、P_1の値を求めよ。

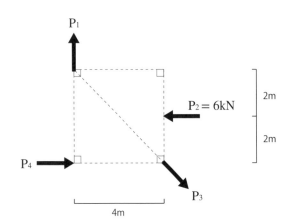

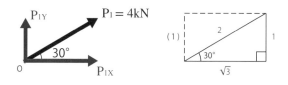

斜めに作用する荷重（$P_1 = 4$kN）を、$30°$ $60°$ $90°$ の三角比を用いて X 軸、Y 軸方向に分解する。

「$P_{1X} : P_{1Y} : P_1 = \sqrt{3} : 1 : 2$」「$P_1 = 4$kN」より

$P_{1X} : P_{1Y} : 4$kN $= \sqrt{3} : 1 : 2$

$P_{1X} = 2\sqrt{3}$kN　　・・・①

$P_{1Y} = 2$kN　　・・・②

> $P_{1X} : 4$kN $= \sqrt{3} : 2$
> $P_{1X} \times 2 = 4$kN $\times \sqrt{3}$
> $P_{1X} = 2\sqrt{3}$ kN

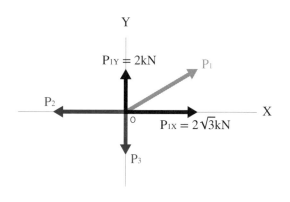

つり合い条件式により、P_2 と P_3 を算出する。

$\Sigma X = 0$、①より

$-P_2 + P_{1X} = 0$

> 右向きを「＋」、左向きを「ー」で加算

$-P_2 + 2\sqrt{3}$kN $= 0$

答 $\underline{P_2 = 2\sqrt{3}\text{kN}}$

$\Sigma Y = 0$、②より

$P_{1Y} - P_3 = 0$

> 上向きを「＋」、下向きを「ー」で加算

2kN $- P_3 = 0$

答 $\underline{P_3 = 2\text{kN}}$

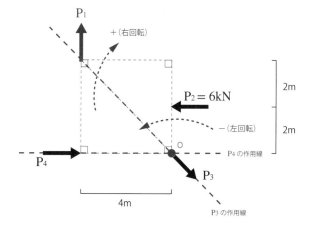

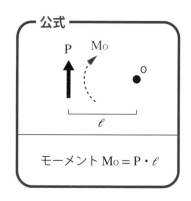

公式

モーメント $M_O = P \cdot \ell$

モーメントのつり合い条件式「$\Sigma M_O = 0$」より、P_1 を算出する。**ただし、どの場所を基点（O 点）とするかが重要となる。**

モーメントは、力の大きさに作用線までの垂直距離を乗じて求める。そのため、基点が作用線上にある場合（作用線までの垂直距離 ℓ が 0 のとき）は、$M_O = 0$ である。例えば、P_3 の作用線上のどこかに基点（O 点）を置く場合には、P_3 によるモーメントが 0 であり、P_4 の作用線上のどこかに基点を置く場合には、P_4 によるモーメントが 0 となる。そのため、P_3 の作用線と P_4 の作用線が交差する点を基点（O 点）とすることで、算出する必要のない P_3 や P_4 のモーメントをいずれも 0 とすることができる。

左上図の位置に基点（O 点）を置き、モーメントのつり合い条件式「$\Sigma M_O = 0$」より、P_1 を算出する。

$\Sigma M_O = 0$ より

> 右向きを「＋」、左向きを「ー」で加算

$P_1 \times 4\text{m} + P_4 \times 0\text{m} - P_2 \times 2\text{m} + P_3 \times 0\text{m} = 0$

$4P_1 - 6\text{kN} \times 2\text{m} = 0$

$4P_1 = 12\text{kN} \cdot \text{m}$

答 $\underline{P_1 = 3\text{kN}}$

練習 1-7（解答 p.188）

図に示す 3 つの力がつり合っているとき、P_3 の値を求めよ。

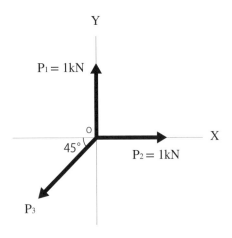

練習 1-8（解答 p.188）

図に示す 3 つの力がつり合っているとき、P_1 の値及び A 点から作用線までの距離を求めよ。

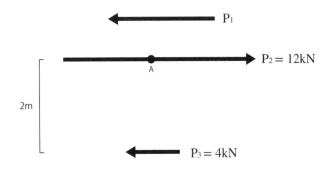

練習 1-9（解答 p.188）

図のような 4 つの力 P_1〜P_4 がつり合っているとき、P_2 の値を求めよ。

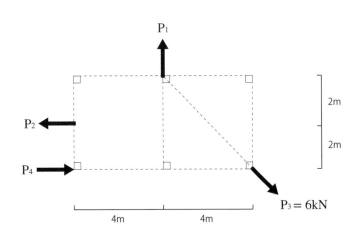

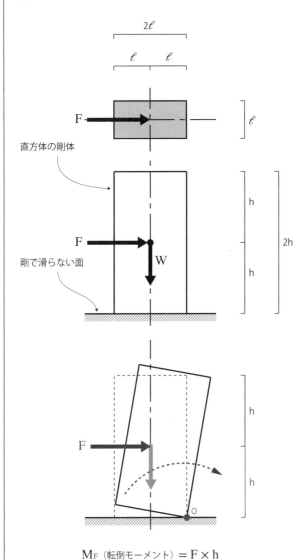

[転倒モーメントと抵抗モーメント]

左図のような剛体（変形しない物体）の重心に水平力 F が作用する場合、剛体は左下図の O 点を中心に転倒しようとする。この力を転倒モーメント M_F とよび、$M_F = F \times h$ として計算する。一方で、重力 W は O 点を中心とする回転力 $M_W = W \times \ell$ によって剛体の転倒に抵抗し、この力を抵抗モーメント（安定モーメント）M_W とよぶ。

水平力 F が大きくなり $M_F > M_W$ となると、剛体は転倒を始める。

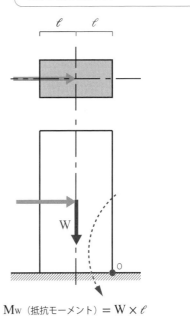

M_F（転倒モーメント）$= F \times h$

M_W（抵抗モーメント）$= W \times \ell$

しだいに増える

練習 1-10（解答 p.189）

図のような剛で滑らない面の上に置いてある直方体の剛体の重心に漸増する水平力が作用する場合、剛体が浮き上がり始めるときの水平力 F の重力 W に対する比 α（$= F / W$）の値を求めよ。ただし、剛体の質量分布は一様とする。

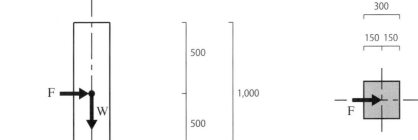

（単位は mm）

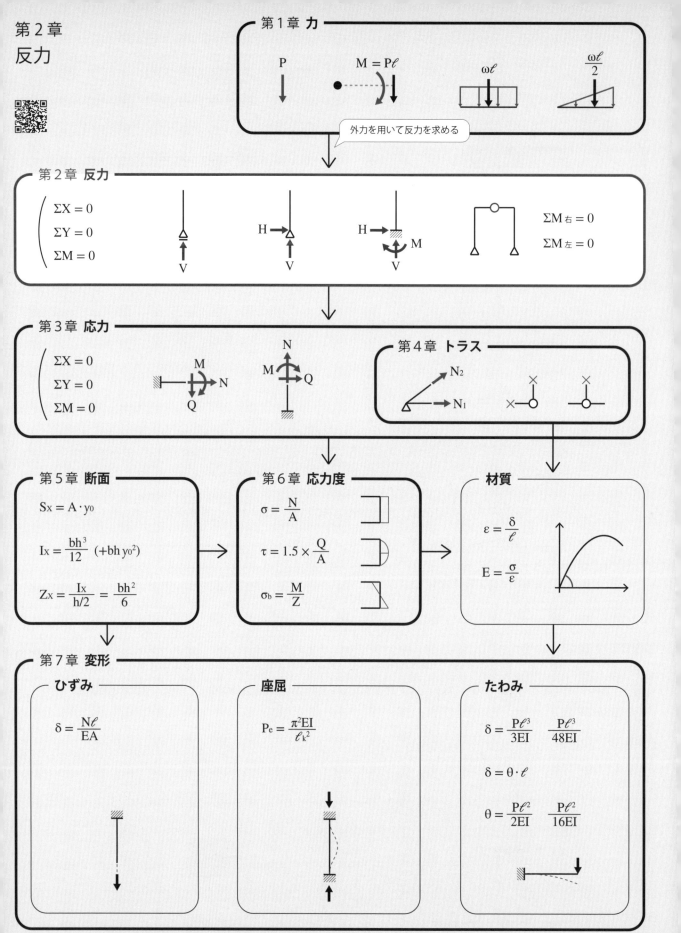

第1章 **力**

P

$M = P\ell$

$\omega\ell$

$\dfrac{\omega\ell}{2}$

外力を用いて反力を求める

第2章 **反力**

$\begin{cases} \Sigma X = 0 \\ \Sigma Y = 0 \\ \Sigma M = 0 \end{cases}$

V

$H \rightarrow$ V

$H \rightarrow$ M V

$\Sigma M_右 = 0$

$\Sigma M_左 = 0$

第3章 **応力**

$\begin{cases} \Sigma X = 0 \\ \Sigma Y = 0 \\ \Sigma M = 0 \end{cases}$

M $\rightarrow N$ Q

N M Q

第4章 **トラス**

N_2

$\rightarrow N_1$

第5章 **断面**

$S_x = A \cdot y_0$

$I_x = \dfrac{bh^3}{12} \ (+bh\,y_0{}^2)$

$Z_x = \dfrac{I_x}{h/2} = \dfrac{bh^2}{6}$

第6章 **応力度**

$\sigma = \dfrac{N}{A}$

$\tau = 1.5 \times \dfrac{Q}{A}$

$\sigma_b = \dfrac{M}{Z}$

材質

$\varepsilon = \dfrac{\delta}{\ell}$

$E = \dfrac{\sigma}{\varepsilon}$

第7章 **変形**

ひずみ

$\delta = \dfrac{N\ell}{EA}$

座屈

$P_e = \dfrac{\pi^2 EI}{\ell_k{}^2}$

たわみ

$\delta = \dfrac{P\ell^3}{3EI} \quad \dfrac{P\ell^3}{48EI}$

$\delta = \theta \cdot \ell$

$\theta = \dfrac{P\ell^2}{2EI} \quad \dfrac{P\ell^2}{16EI}$

[反力]

建築物は、自重や地震力などさまざまな荷重が作用しているにもかかわらず、その場に静止し続けている。それは、地面が建築物を同じ強さで押し返しているためであり、その押し返す力のことを**反力**という。反力は、作用する方向によって**水平反力 H**、**鉛直反力 V**、**モーメント反力 M** に分けられ、「Ho」のように作用する支点の記号を添字で表す。

なお、各支点（部材と地面との接合部）に作用する反力は、支点の種類よって下表のように定められる。

支点の種類	モデル化	支点の動き	反力の種類
❶ 固定支点 （フィックス）			H_O ○ M_O V_O
❷ 回転支点 （ピン）			H_O ○ V_O
❸ 移動支点 （ローラー）			○ V_O

❶ **固定支点**（フィックス）は地面に固定された支点であり、水平反力 H、鉛直反力 V、回転反力 M のすべての反力が生じる。これに対し、❷ **回転支点**（ピン）はヒンジによって回転できる支点であり、回転できるがゆえに M は生じず、H、V のみが生じる。さらに、❸ **移動支点**（ローラー）では、ヒンジの回転に加え、水平方向の移動も可能である。そのため、M と H は生じず、V のみが生じる。

■ 構造のモデル化

構造力学では、柱や梁などの部材も右図のようにモデル化（単純化・理想化）して考える。なお、部材と部材の接合には、「① ヒンジによって自由に回転できる**ピン接合（ピン節点、滑節点）**」と「② 強固に接合された**剛接合（剛節点）**」があり、それぞれ右図のように表記する。

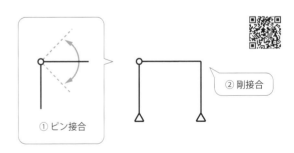

② 剛接合

① ピン接合

■ 反力を求める手順

1. 支点ごとに反力を仮定し、**2.** つり合い条件式を用いて反力の値を算出する。加えて、**3.** つり合い条件式算出時の符号より、反力の向きを判断する。例えば、つり合い条件式を用いた計算の結果、答えの符号が「ー」である場合は、初めに仮定した反力の向きが間違っていたことを意味し、仮定した向きの逆方向が正答となる。

1. 反力を仮定
↓
2. つり合い条件式
↓
3. 力の向きを検討

基本問題　No.11

図のような外力が作用する構造体において、支点 A、B に生じる反力を求めよ。

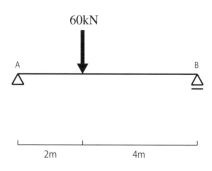

基本問題　No.12

図のような外力が作用する構造体において、支点 A に生じる反力を求めよ。

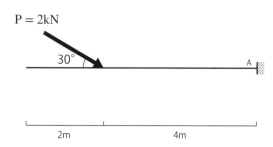

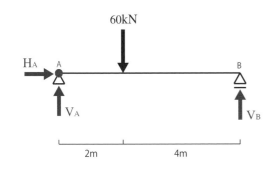

1. 各支点に反力を仮定する。

回転支点の A 点には水平反力 H_A と鉛直反力 V_A を、移動支点の B 点には鉛直反力 V_B をそれぞれ仮定する。

2. つり合い条件式により、各反力を算出する。

$\Sigma X = 0$ より

答 $\underline{H_A = 0}$

$\Sigma M_A = 0$ より

$60kN \times 2m - V_B \times 6m = 0$

$-6V_B = -120kN \cdot m$

答 $\underline{V_B = 20kN (\uparrow)}$ ・・・①

$\Sigma Y = 0$、①より

$V_A - 60kN + V_B = 0$

$V_A - 60kN + 20kN = 0$

答 $\underline{V_A = 40kN (\uparrow)}$

> 「$\Sigma X = 0$」は右向きを「＋」、左向きを「－」で加算する。

> 「$\Sigma M = 0$」は右回転を「＋」、左回転を「－」で加算する。

> 「$\Sigma Y = 0$」は上向きを「＋」、下向きを「－」で加算する。

1. 反力を仮定
↓
2. つり合い条件式
↓
3. 力の向きを検討

3. 符号により反力の向きを検討する。

V_A と V_B は、いずれも答えが「＋」であるため、1.で仮定した向き（上向き）が正答となる。

力の合成・分解　　　　　　　　　　　　参考 p.13

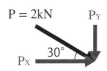
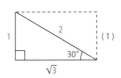

斜めに作用する荷重 P は、三角比を用いて P_X と P_Y に分割する。

「$P_X : P_Y : P = \sqrt{3} : 1 : 2$」、「$P = 2kN$」より

$P_X = \sqrt{3}kN$

$P_Y = 1kN$

1. 固定支点（A 点）に反力 H_A、V_A、M_A を仮定する。

2. つり合い条件式により、各反力を算出する。

$\Sigma X = 0$ より

$\sqrt{3}kN + H_A = 0$

$H_A = -\sqrt{3}kN$

答 $\underline{H_A = \sqrt{3}kN (\leftarrow)}$

$\Sigma Y = 0$ より

$-1kN + V_A = 0$

答 $\underline{V_A = 1kN (\uparrow)}$

$\Sigma M_A = 0$ より

$-1kN \times 4m + M_A = 0$

答 $\underline{M_A = 4kN \cdot m (C)}$

> **3.** 符号により反力の向きを検討する。H_A のように、答えが「－」の場合は、**1.** で仮定した反力の向き（右向き）が誤りであることを意味する。つまり、左向きが正答となる。

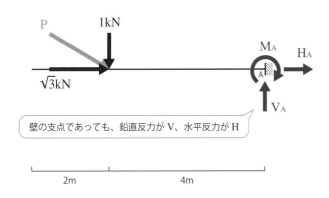

> 壁の支点であっても、鉛直反力が V、水平反力が H

ラーメン構造に図のような外力が作用するとき、支点 A、B に生じる反力を求めよ。

門型の構造体

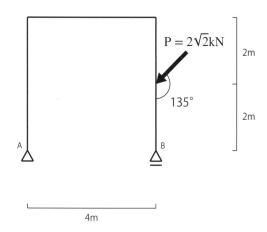

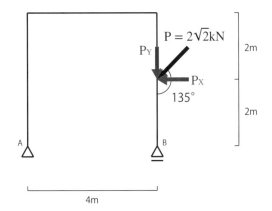

斜めに作用する荷重 P は、三角比を用いて P_X と P_Y に分割する。

「$P_X : P_Y : 2\sqrt{2}\,kN = 1 : 1 : \sqrt{2}$」より

$P_X = 2kN$

$P_Y = 2kN$

ラーメン構造の反力

1. 各支点に反力を仮定する。

回転支点の A 点には水平反力 H_A と鉛直反力 V_A を、移動支点のB点には鉛直反力 V_B をそれぞれ仮定する。

2. つり合い条件式により、各反力を算出する。

$\Sigma X = 0$ より

$H_A - 2kN = 0$

答 $\underline{H_A = 2kN\ (\rightarrow)}$

> 「$\Sigma X = 0$」は右向きを「＋」、左向きを「−」で加算する。

$\Sigma M_A = 0$ より 〔垂直距離に注意〕

$2kN×4m - 2kN×2m - V_B×4m = 0$

答 $\underline{V_B = 1kN\ (\uparrow)}$ ・・・①

> 「$\Sigma M = 0$」は右回転を「＋」、左回転を「−」で加算する。

$\Sigma Y = 0$ 、①より

$V_A - 2kN + V_B = 0$

$V_A - 2kN + 1kN = 0$

答 $\underline{V_A = 1kN\ (\uparrow)}$

> 「$\Sigma Y = 0$」は上向きを「＋」、下向きを「−」で加算する。

3. 符号により反力の向きを検討する。

H_A、V_B、V_A いずれの答えも「＋」であるため、
1. で仮定した向きが正答となる。

1. 反力 を仮定
↓
2. つり合い条件式
↓
3. 力の向きを検討

練習 2-1（解答 p.189）

図のような外力が作用する構造体において、支点 A、B に生じる反力を求めよ。

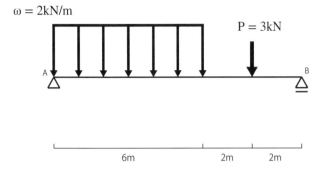

練習 2-2（解答 p.189）

図のような外力が作用する構造体において、支点 A、B に生じる反力を求めよ。

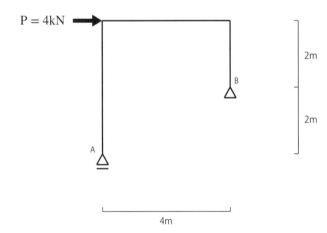

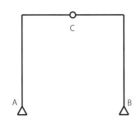

[3ヒンジラーメン]

ヒンジ（回転端）を3つもつラーメン構造を3ヒンジラーメンという（左図の場合は、回転支点のA・B点およびピン節点のC点がそれぞれヒンジである）。ヒンジは自由に回転することができるものの、実際の建築物は回転を起こさないため、左図のA、B、C点いずれにも「$\Sigma M = 0$」が成り立つ。

A・B点のヒンジが回転しないことを、つり合い条件式では「$\Sigma M_A = 0$」「$\Sigma M_B = 0$」と表していた。これに対しC点は、下図のように「❶C点より右側が回転しない」および「❷C点より左側が回転しない」という2つの意味をもち、それぞれ片側のみの構造モデルを用いた「$\Sigma M_{C右} = 0$」もしくは「$\Sigma M_{C左} = 0$」として計算できる。

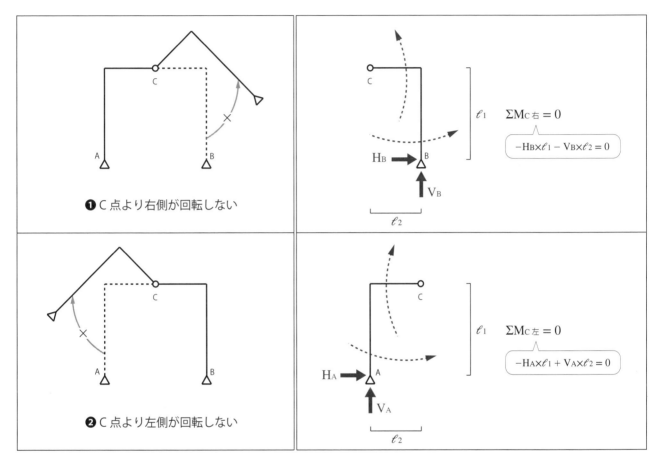

❶C点より右側が回転しない

$$\Sigma M_{C右} = 0$$
$$-H_B \times \ell_1 - V_B \times \ell_2 = 0$$

❷C点より左側が回転しない

$$\Sigma M_{C左} = 0$$
$$-H_A \times \ell_1 + V_A \times \ell_2 = 0$$

■ 3ヒンジラーメンの反力を求める手順

3ヒンジラーメンも、これまでと同様の手順で反力を求めることができる。ただし、3ヒンジラーメンには4つの反力が生じるため、「$\Sigma X = 0$、$\Sigma Y = 0$、$\Sigma M = 0$」のつり合い条件式だけでは算出することができず、途中のヒンジを基点とした回転のつり合い条件式「$\Sigma M_{C左} = 0$ もしくは $\Sigma M_{C右} = 0$」を併せて用いる。

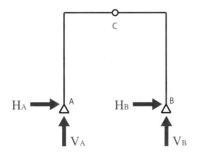

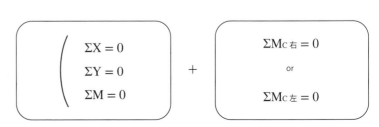

$$
\left(
\begin{array}{l}
\Sigma X = 0 \\
\Sigma Y = 0 \\
\Sigma M = 0
\end{array}
\right.
\quad + \quad
\begin{array}{c}
\Sigma M_{C右} = 0 \\
\text{or} \\
\Sigma M_{C左} = 0
\end{array}
$$

図のような外力が作用する構造体において、支点 A、B に生じる反力を求めよ。

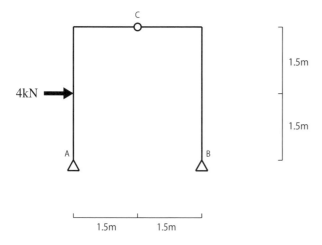

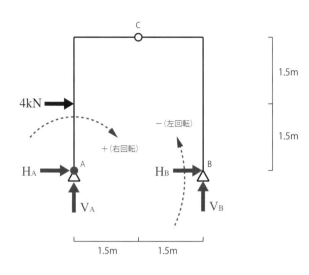

1. 各支点に反力を仮定する。

　A 点、B 点はいずれも回転支点であるため、それぞれ水平反力 H と鉛直反力 V を仮定する。

2. つり合い条件式により、各反力を算出する。

　　$\Sigma M_A = 0$ より

　　　$4kN \times 1.5m - V_B \times 3m = 0$

　答　$\underline{V_B = 2kN（↑）}$　　　　・・・①

　　$\Sigma Y = 0$、①より

　　　$V_A + V_B = 0$

　　　$V_A + 2kN = 0$

　　　$V_A = -2kN$

　答　$\underline{V_A = 2kN（↓）}$

　　$\Sigma X = 0$ より

　　　$4kN + H_A + H_B = 0$

　　　$H_A + H_B = -4kN$

> 変数が複数あるため、この計算では H_A と H_B の値を算出することはできない。そこで、C 点のヒンジを基点とした回転のつり合い条件式を考える。

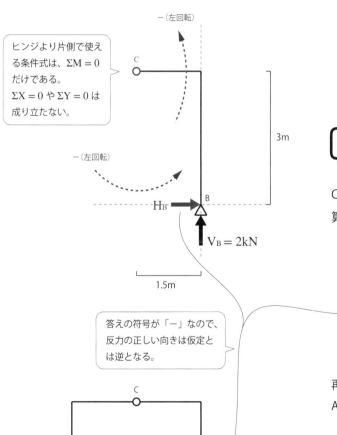

> ヒンジより片側で使える条件式は、$\Sigma M = 0$ だけである。$\Sigma X = 0$ や $\Sigma Y = 0$ は成り立たない。

3 ヒンジラーメンの反力

C 点より右側の構造モデルを用いて、「$\Sigma M_{C右} = 0$」を計算する。

　　$\Sigma M_{C右} = 0$、①より

　　　$-H_B \times 3m - V_B \times 1.5m = 0$

　　　$-3H_B = 2kN \times 1.5m$

　　　$H_B = -1kN$

　答　$\underline{H_B = 1kN（←）}$　　　　・・・②

> 答えの符号が「−」なので、反力の正しい向きは仮定とは逆となる。

再び、構造全体のつり合い条件式「$\Sigma X = 0$」を計算し、A 点の水平反力 H_A を求める。

　　$\Sigma X = 0$、②より

　　　$4kN + H_A - 1kN = 0$

　　　$H_A = -3kN$

　答　$\underline{H_A = 3kN（←）}$

31

練習 2-3（解答 p.190）

図のような外力が作用する構造体において、支点 A、B に生じる反力を求めよ。

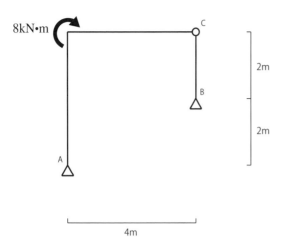

練習 2-4（解答 p.190）

図のような外力が作用する構造体において、支点 A、B に生じる反力の比 $H_A : V_A$ 及び $H_B : V_B$ を求めよ。

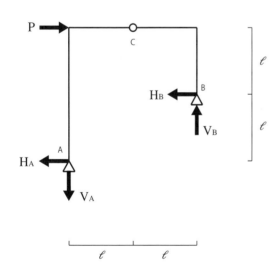

図のような外力が作用する構造体において、支点 A、E に生じる反力を求めよ。

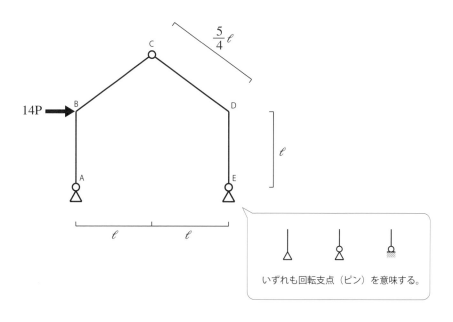

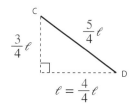

いずれも回転支点（ピン）を意味する。

━ 考え方 ━

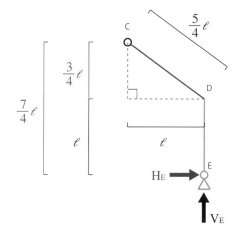

左図の直角三角形は、2 辺の長さが $\ell\,(=\frac{4}{4}\ell)$ と $\frac{5}{4}\ell$ であることから、「3：4：5」の三角比が適応できる。

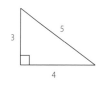

「3：4：5」の三角比よりもう 1 辺の長さを算出することで、C 点から H_E の作用線までの垂直距離を求めることができる。

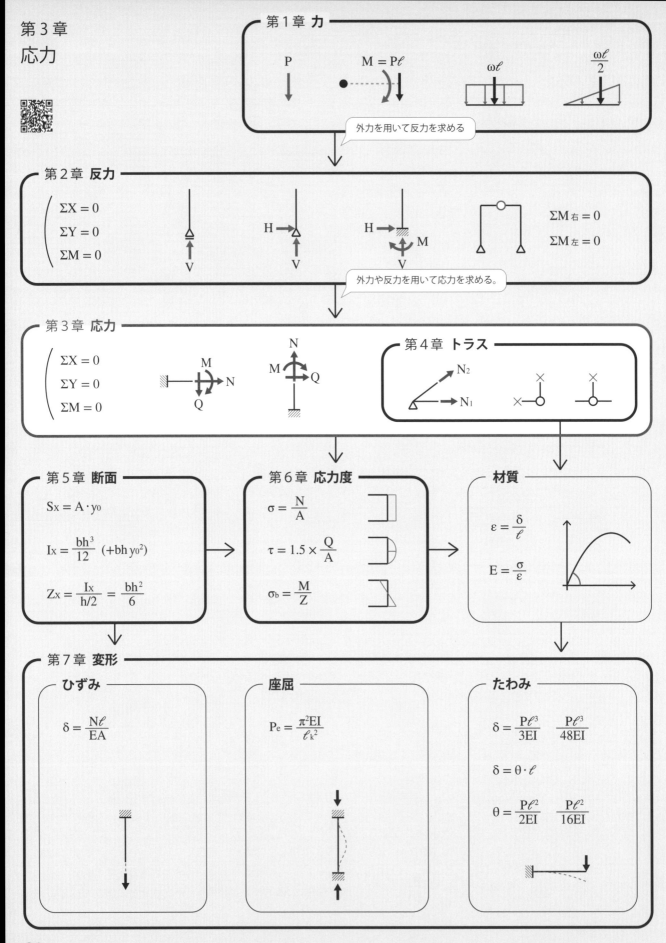

第1章 **力**

P

$M = P\ell$

$\omega\ell$

$\dfrac{\omega\ell}{2}$

外力を用いて反力を求める

第2章 **反力**

$\begin{cases} \Sigma X = 0 \\ \Sigma Y = 0 \\ \Sigma M = 0 \end{cases}$

H

V

H M

V

$\Sigma M_右 = 0$

$\Sigma M_左 = 0$

外力や反力を用いて応力を求める。

第3章 **応力**

$\begin{cases} \Sigma X = 0 \\ \Sigma Y = 0 \\ \Sigma M = 0 \end{cases}$

M N Q

N M Q

第4章 **トラス**

N_2

N_1

第5章 **断面**

$S_x = A \cdot y_0$

$I_x = \dfrac{bh^3}{12} \ (+bh\,y_0{}^2)$

$Z_x = \dfrac{I_x}{h/2} = \dfrac{bh^2}{6}$

第6章 **応力度**

$\sigma = \dfrac{N}{A}$

$\tau = 1.5 \times \dfrac{Q}{A}$

$\sigma_b = \dfrac{M}{Z}$

材質

$\varepsilon = \dfrac{\delta}{\ell}$

$E = \dfrac{\sigma}{\varepsilon}$

第7章 **変形**

ひずみ

$\delta = \dfrac{N\ell}{EA}$

座屈

$P_e = \dfrac{\pi^2 EI}{\ell_k{}^2}$

たわみ

$\delta = \dfrac{P\ell^3}{3EI} \quad \dfrac{P\ell^3}{48EI}$

$\delta = \theta \cdot \ell$

$\theta = \dfrac{P\ell^2}{2EI} \quad \dfrac{P\ell^2}{16EI}$

[応力]

部材に作用する力は部材内部を伝わる。このとき、部材内部に生じる力を**応力**といい、右図のように仮想断面に働く力として算出する。

応力には、❶ 材軸方向（部材方向）に作用する**軸方向力 N**、❷ 材軸と直交する向きに作用する**せん断力 Q**、❸ 材を曲げようとする力である**曲げモーメント M** の３種類があり、下表に示すようにそれぞれ一対の力として作用している。

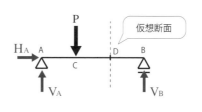

応力	❶ 軸方向力		❷ せん断力		❸ 曲げモーメント	
記号	N		Q		M	
力の向き	←•→	→•←	↑•↓	↓•↑	↻•↺	↺•↻
変形	引張	圧縮	右下がり	左下がり	下側引張	上側引張
符号	＋	－	＋	－	通常は符号を付けないが、符号をつける場合は下側引張の組み合わせを「＋」とする	

1. **応力を仮定**
↓
2. **つり合い条件式**
↓
3. **力の向きを検討**

■ 応力を求める手順

応力を求めたい位置で部材を切断し、どちらか一方の構造モデルで考える（どちらを選択しても、同じ結果になる）。まず、1.切断位置に応力を仮定し、2.つり合い条件式を用いて応力の値を算出する。最後に、3.算出結果の符号より、仮定した応力の向きの正誤を判断する。

■ 応力の仮定方向

応力は下図のように「＋」側に仮定すると、計算が容易になる。

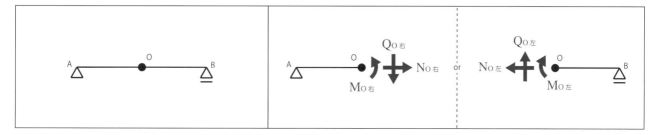

図のような外力が作用する構造体において、D 点における軸方向力 N_D、せん断力 Q_D、曲げモーメント M_D の値を求めよ。

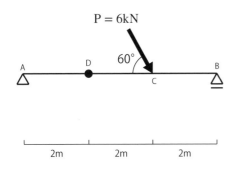

まず、斜めに作用する荷重 P を水平・鉛直方向の2力に分解する。次に、A、B 支点に反力を仮定し、つり合い条件式を用いることで、水平反力 H_A および鉛直反力 V_A、V_B を求める。

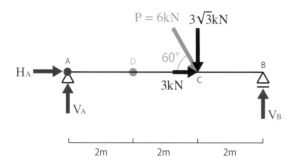

$\Sigma X = 0$ より
$\quad H_A + 3kN = 0$
$\quad H_A = -3kN$
$\quad H_A = 3kN$ (←)

$\Sigma M_A = 0$ より
$\quad 3\sqrt{3}kN \times 4m - V_B \times 6m = 0$
$\quad V_B = 2\sqrt{3}kN$ (↑)　　・・・①

$\Sigma Y = 0$、①より
$\quad V_A - 3\sqrt{3}kN + V_B = 0$
$\quad V_A = \sqrt{3}kN$ (↑)

応力

構造体を D 点で切断し、左側の構造モデルに応力を仮定する（右から伝わってくる応力を仮定する）。そして、つり合い条件式を用いることで、D 点における軸方向力 N_D、せん断力 Q_D、曲げモーメント M_D を求める。

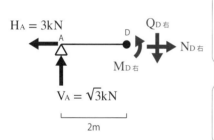

真中の点「・」が切断した点（D 点）である。つまり、この計算ではこの点の右側の力を求めている。

符号より応力の向きを検討する。答えが「＋」の場合は、仮定した向きが正しい。

$\Sigma X = 0$ より
$\quad -3kN + N_{D右} = 0$
$\quad N_{D右} = 3kN$
答 $\underline{N_D = 3kN}$ (←・→)

反力計算と同様の符号ルールで加算する。
「$\Sigma X = 0$」は右向きを「＋」、左向きを「－」で加算する。

$\Sigma Y = 0$ より
$\quad \sqrt{3}kN - Q_{D右} = 0$
$\quad Q_{D右} = \sqrt{3}kN$
答 $\underline{Q_D = \sqrt{3}kN}$ (↑・↓)

「$\Sigma Y = 0$」は上向きを「＋」、下向きを「－」で加算する。

$\Sigma M_D = 0$ より
$\quad \sqrt{3}kN \times 2m - M_{D右} = 0$
$\quad M_{D右} = 2\sqrt{3}kN \cdot m$
答 $\underline{M_D = 2\sqrt{3}kN \cdot m}$ (↻・↺)

「$\Sigma M = 0$」は右回転を「＋」、左回転を「－」で加算する。

補足

応力の計算は、切断した点のどちら側で行っても同じ結果となる。例えば、D 点より右側の構造モデルを用いて応力を仮定（左から伝わってくる応力を仮定）した場合は、右のようなつり合い条件式となる。

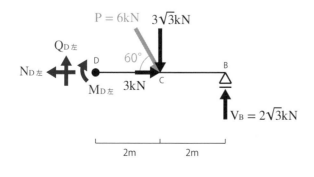

$\Sigma X = 0$ より
$\quad -N_{D左} + 3kN = 0$
$\quad N_{D左} = 3kN$
答 $\underline{N_D = 3kN}$ (←・→)

いずれも同じ答えである。

$\Sigma Y = 0$ より
$\quad Q_{D左} - 3\sqrt{3}kN + 2\sqrt{3}kN = 0$
$\quad Q_{D左} = \sqrt{3}kN$
答 $\underline{Q_D = \sqrt{3}kN}$ (↑・↓)

$\Sigma M_D = 0$ より
$\quad M_{D左} + 3\sqrt{3}kN \times 2m - 2\sqrt{3}kN \times 4m = 0$
$\quad M_{D左} = 2\sqrt{3}kN \cdot m$
答 $\underline{M_D = 2\sqrt{3}kN \cdot m}$ (↻・↺)

基本問題　No.16

図のような外力が作用する構造体において、C 点における軸方向力 N_C、せん断力 Q_C、曲げモーメント M_C の値を求めよ。

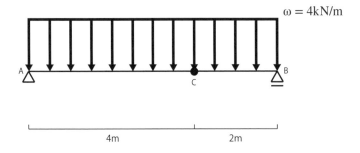

反力 参考 p.23

左記の公式により、等分布荷重を合力に置き換える（参照：p.7）。

$$R_1 = \omega \times \ell$$
$$= 4kN/m \times 6m = 24kN$$

A、B 支点に反力を仮定し、つり合い条件式を用いることで、水平反力 H_A および鉛直反力 V_A、V_B を求める。

$\Sigma X = 0$ より

$H_A = 0$

$\Sigma M_A = 0$ より

$24kN \times 3m - V_B \times 6m = 0$

$72kN \cdot m - 6V_B = 0$

$V_B = 12kN（↑）$ ・・・①

$\Sigma Y = 0$、①より

$V_A - 24kN + V_B = 0$

$V_A = 12kN（↑）$

応力

応力を求めたい C 点で切断し、右側の構造モデルに応力を仮定し（左から伝わってくる応力を仮定し）、つり合い条件式を用いることで、C 点における軸方向力 N_C、せん断力 Q_C、曲げモーメント M_C を求める。

$\Sigma X = 0$ より

$-N_{C左} = 0$

答 $\underline{N_C = 0}$

$\Sigma Y = 0$ より

$Q_{C左} - R_2 + V_B = 0$

$Q_{C左} - 8kN + 12kN = 0$

$Q_{C左} = -4kN$

答 $\underline{Q_C = 4kN（↓・↑）}$

$\Sigma M_C = 0$ より

$M_{C左} + R_2 \times 1m - V_B \times 2m = 0$

$M_{C左} + 8kN \times 1m - 12kN \times 2m = 0$

$M_{C左} = 16kN \cdot m$

答 $\underline{M_C = 16kN \cdot m（⟳・⟲）}$

公式

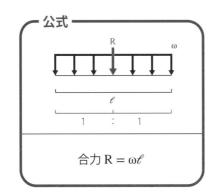

合力 $R = \omega\ell$

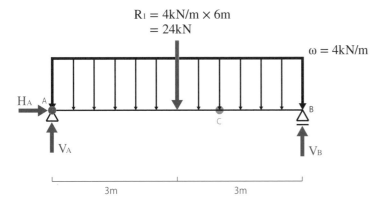

$R_1 = 4kN/m \times 6m$
$= 24kN$

$\omega = 4kN/m$

H_A A ─── B

V_A C V_B

3m　3m

切断後、改めて等分布荷重を合力に置き換える。

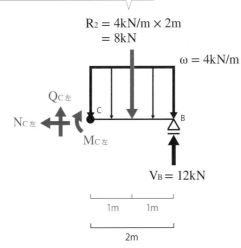

$R_2 = 4kN/m \times 2m$
$= 8kN$

$\omega = 4kN/m$

$Q_{C左}$

$N_{C左}$

$M_{C左}$

C B

$V_B = 12kN$

1m　1m

2m

符号により応力の向きを検討する。Q_C のように、つり合い条件式の答えが「−」の場合には、仮定した応力の向き（↑・↓）が誤りであることを意味する。つまり、（↓・↑）が正答となる。

基本問題　No.17

図のような外力が作用する構造体において、C 点における軸方向力 N_C、せん断力 Q_C、曲げモーメント M_C の値を求めよ。

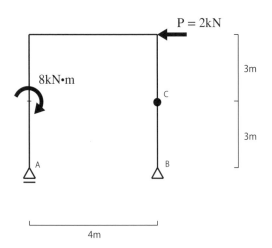

P = 2kN

8kN・m

3m

3m

C

A

B

4m

考え方

柱の応力を求める場合は、材軸方向（部材方向）に作用する応力である軸方向力 N を鉛直方向に、材軸と直交する向きに作用するせん断力 Q を水平方向に仮定することになる。なお、応力は引張方向や右下がり方向の符号が「＋」であるため、下図で示した向きに仮定すると計算が容易になる。

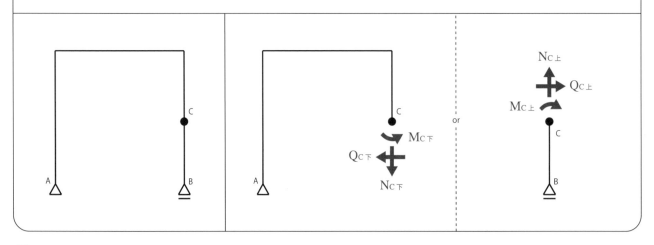

A、B 支点に反力を仮定し、つり合い条件式を用いることで、水平反力 H_B および鉛直反力 V_A、V_B を求める。

$\Sigma X = 0$ より

$-2\text{kN} + H_B = 0$

$H_B = 2\text{kN} \ (\rightarrow)$

$\Sigma M_A = 0$ より

$8\text{kN·m} - 2\text{kN} \times 6\text{m} - V_B \times 4\text{m} = 0$

$V_B = -1\text{kN}$

$V_B = 1\text{kN} \ (\downarrow)$　　　　・・・①

$\Sigma Y = 0$、①より

$V_A + V_B = 0$

$V_A = 1\text{kN} \ (\uparrow)$

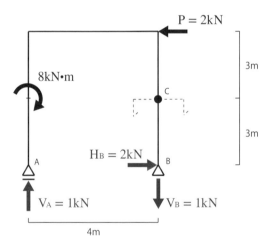

応力

応力を求めたい C 点で切断し、下側の構造モデルに応力を仮定し（上から伝わってくる応力を仮定し）、つり合い条件式を用いることで、C 点における軸方向力 N_C、せん断力 Q_C、曲げモーメント M_C を求める。

$\Sigma X = 0$ より

$Q_{C\perp} + 2\text{kN} = 0$

$Q_{C\perp} = -2\text{kN}$

答 $\underline{Q_C = 2\text{kN}}$ $(\overset{\leftarrow}{\underset{\rightarrow}{}})$

> 柱に生じるせん断力 Q の符号は、「$\overset{\rightarrow}{\underset{\leftarrow}{}}$」の組み合わせが「＋」、「$\overset{\leftarrow}{\underset{\rightarrow}{}}$」の組み合わせが「－」である。

$\Sigma Y = 0$ より

$N_{C\perp} - 1\text{kN} = 0$

$N_{C\perp} = 1\text{kN}$

答 $\underline{N_C = 1\text{kN}}$ $(\overset{\uparrow}{\underset{\downarrow}{\cdot}})$

> 力の向きの書き方注意

$\Sigma M_C = 0$ より

$M_{C\perp} - 2\text{kN} \times 3\text{m} = 0$

$M_{C\perp} = 6\text{kN·m}$

答 $\underline{M_C = 6\text{kN·m}}$ $(\overset{\curvearrowleft}{\underset{\curvearrowright}{}})$

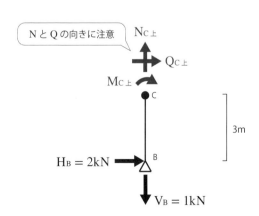

N と Q の向きに注意

練習 3-1（解答 p.191）

図のような外力が作用する構造体において、B 点における軸方向力 N_B、せん断力 Q_B、曲げモーメント M_B の値を求めよ。

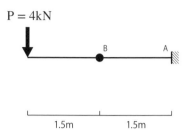

練習 3-2（解答 p.191）

図のような外力が作用する構造体において、C 点における軸方向力 N_C、せん断力 Q_C、曲げモーメント M_C の値を求めよ。

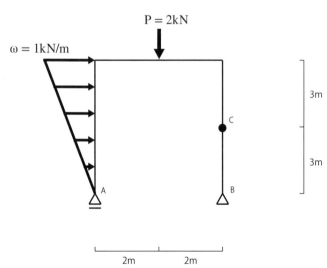

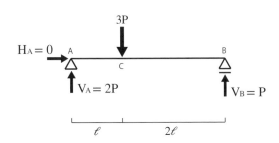

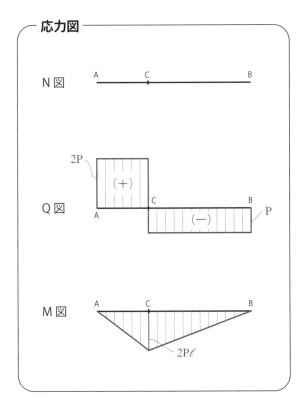

[応力図]

特定の点ではなく、構造体全体の応力を図示したものを応力図といい、応力の大きさを材軸からの垂直距離で表す。応力図には軸方向力 N を図示した N 図、せん断力 Q を図示した Q 図、曲げモーメント M を図示した M 図がある。

■ N 図、Q 図

「＋」を材軸の上側に、「−」を材軸の下側に描く。 つまり、軸方向力 N の引張方向「←・→」やせん断応力 Q の右下がり「↑・↓」を上側に、また、軸方向力 N の圧縮方向「→・←」やせん断応力 Q の左下がり「↓・↑」を下側に描く。

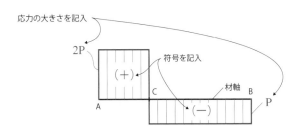

補足

Q 図に関しては、材軸と直交する向きに作用する力を**左から順に**示すことでも描くことができる。

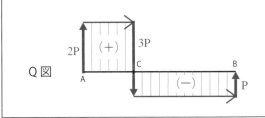

■ M 図

M 図は符号に関係なく引張側に描く。 部材に曲げ変形が生じた場合には、部材の両縁に引張力と圧縮力がそれぞれ生じる。そこで、下図のように変形の形を考え、引張が生じる側に M 図を描く。

片持梁の材端に集中荷重が作用する場合は、このような M 図になる。

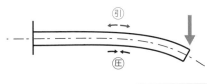

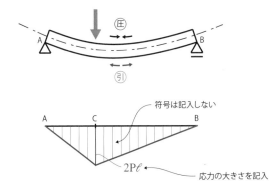

図のような荷重が作用する構造体の軸方向力図、せん断力図、曲げモーメント図を描け。ただし、軸方向力は引張力を「＋」、圧縮力を「ー」とし、曲げモーメント図は材の引張側に描くものとする。

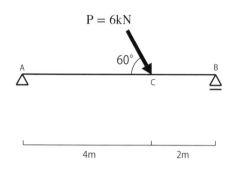

N図

Q図

M図

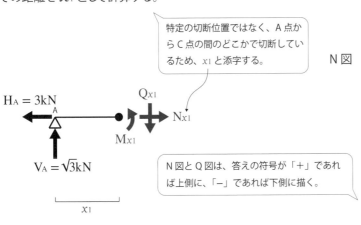

参考 p.23

反力

A、B 支点に反力を仮定し、つり合い条件式を用いることで、水平反力 H_A および鉛直反力 V_A、V_B を求める（p.37と同手順）。

応力図

応力は支点や外力が生じる場所で大きく変化する。そのため、それらの間 [AC間] および [BC間] で切断し、それぞれに応力を求める。

[AC間] の応力図

[A点からC点の間] で切断し、左側の構造モデルに応力（右から伝わってくる応力）を仮定する。そして、つり合い条件式を用いることで、[AC間] における軸方向力 N、せん断力 Q、曲げモーメント M を求める。
なお、切断位置が特定の場所ではないことから、A点から切断位置までの距離を x_1 として計算する。

特定の切断位置ではなく、A点からC点の間のどこかで切断しているため、x_1 と添字する。

N図とQ図は、答えの符号が「+」であれば上側に、「−」であれば下側に描く。

■ 軸方向力 N_{x1}

$\Sigma X = 0$ より
$-3kN + N_{x1} = 0$
$N_{x1} = 3kN$

$+ (\leftarrow \cdot \rightarrow)$

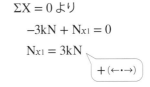

N図

■ せん断力 Q_{x1}

$\Sigma Y = 0$ より
$\sqrt{3}kN - Q_{x1} = 0$
$Q_{x1} = \sqrt{3}kN$

$+ (\uparrow \cdot \downarrow)$

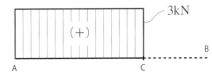

Q図

■ 曲げモーメント M_{x1}

$\Sigma M_{x1} = 0$ より
$\sqrt{3}kN \times x_1 - M_{x1} = 0$
$M_{x1} = \sqrt{3}kN \times x_1$

M図は符号に関係なく、引張側に描く。そのため、右図のように変形を考えた上で引張り側を判断し、M図に反映させる。

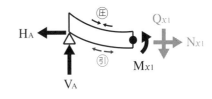

切断位置がA点とC点の間であるため、x_1の範囲は0〜4mである。そこで、$x_1 = 0m$であるA点の応力と、$x_1 = 4m$であるC点の応力を両方算出し、その2点をつなげることでM図を描く。

・$x_1 = 0m$ の場合（A点の場合）
$M_A = \sqrt{3}kN \times 0m = 0$

・$x_1 = 4m$ の場合（C点の場合）
$M_C = \sqrt{3}kN \times 4m = 4\sqrt{3}kN \cdot m$

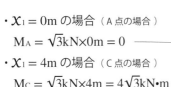
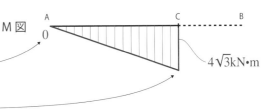

[BC 間] の応力図

[B 点から C 点の間] で切断し、右側の構造モデルより [BC 間] における軸方向力 N、せん断力 Q、曲げモーメント M を求める。なお、切断位置が特定の場所ではないことから、B 点から切断位置までの距離を x_2 として計算する。

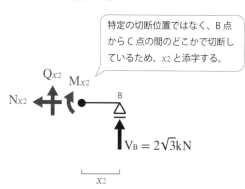

特定の切断位置ではなく、B 点から C 点の間のどこかで切断しているため、x_2 と添字する。

$V_B = 2\sqrt{3}kN$

x_2

■ 軸方向力 N_{x2}

$\Sigma X = 0$ より

$N_{x2} = 0$

N 図

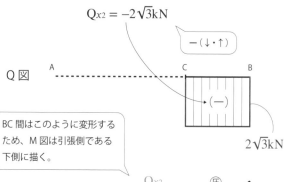

■ 曲げモーメント M_{x2}

$\Sigma M_{x2} = 0$ より

$M_{x2} - 2\sqrt{3}kN \times x_2 = 0$

$M_{x2} = 2\sqrt{3}kN \times x_2$

（⌒・⌒）

■ せん断力 Q_{x2}

$\Sigma Y = 0$ より

$2\sqrt{3}kN + Q_{x2} = 0$

$Q_{x2} = -2\sqrt{3}kN$

$-(\downarrow \cdot \uparrow)$

Q 図

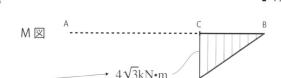

$2\sqrt{3}kN$

BC 間はこのように変形するため、M 図は引張側である下側に描く。

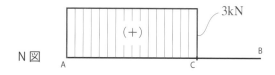

切断位置が B 点と C 点の間であるため、x_2 の範囲は 0 ~ 2m である。そこで、$x_2 = 0m$ である B 点の応力と、$x_2 = 2m$ である C 点の応力を両方算出し、その2点をつなげることで M 図を描く。

- $x_2 = 0m$ の場合（B 点の場合）

  $M_B = 2\sqrt{3}kN \times 0m = 0$

- $x_2 = 2m$ の場合（C 点の場合）

  $M_C = 2\sqrt{3}kN \times 2m = 4\sqrt{3}kN \cdot m$

M 図

$4\sqrt{3}kN \cdot m$

応力図

これまで算出した [AC 間] および [BC 間] の応力図を統合し、答えとなる応力図を描く。

--- 補足 ---

各応力図において、符号に関係なく最大となる応力の値を最大応力といい、下記のように「$_{max}$」の記号を添字にして示す。

最大軸方向力 $N_{max} = 3kN$

最大せん断力 $Q_{max} = 2\sqrt{3}kN$

最大曲げモーメント $M_{max} = 4\sqrt{3}kN \cdot m$

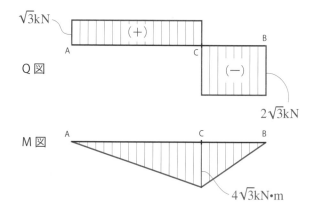

$3kN$

N 図

$\sqrt{3}kN$

Q 図

$2\sqrt{3}kN$

M 図

$4\sqrt{3}kN \cdot m$

[ラーメン構造の応力図]

単純梁の場合と同様の手順によって、ラーメン構造の応力図も描くことができる。なお、N図とQ図に関しては「＋」を材軸の外側に、「－」を材軸の内側に描くのに対し、M図は符号に関係なく引張側に描く。

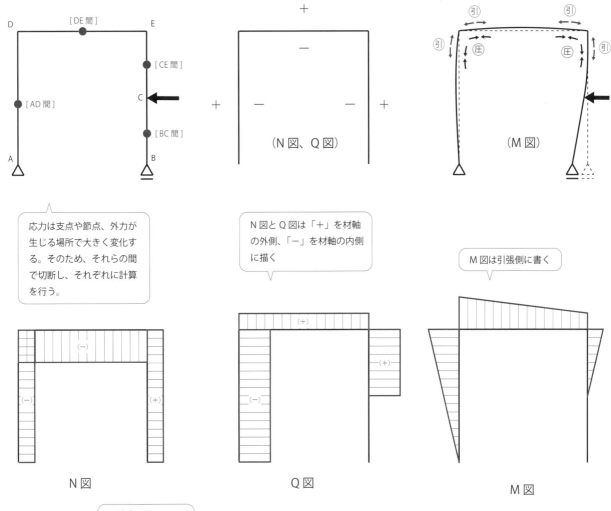

応力は支点や節点、外力が生じる場所で大きく変化する。そのため、それらの間で切断し、それぞれに計算を行う。

N図とQ図は「＋」を材軸の外側、「－」を材軸の内側に描く

M図は引張側に書く

N図

Q図

M図

■ 節点のM図

剛接合（参照：p.23）

2つの部材が剛接合で接続されている場合、接合部は同じ側が同じ大きさで引張られる。たとえば、右下図のC点では柱端・梁端いずれも内側に同じ値で引張られ、E点では外側に同じ値で引張られる。

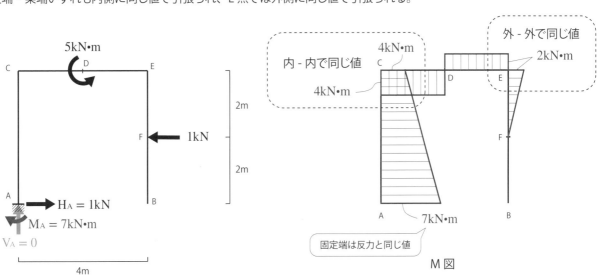

内 - 内で同じ値

外 - 外で同じ値

固定端は反力と同じ値

M図

図のような荷重が作用する構造体の軸方向力図、せん断力図、曲げモーメント図を描け。ただし、軸方向力は引張力を「＋」、圧縮力を「－」とし、曲げモーメント図は材の引張側に描くものとする。

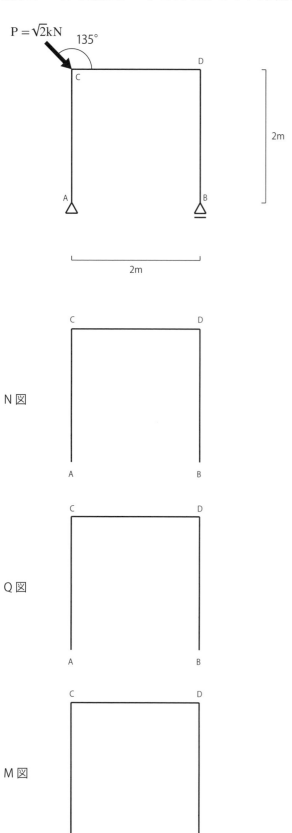

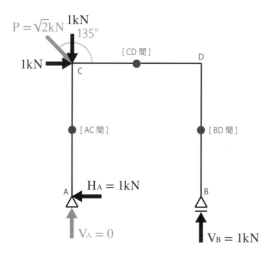

A、B支点に反力を仮定し、つり合い条件式を用いることで、水平反力 H_A および鉛直反力 V_A、V_B を求める。

$\Sigma X = 0$ より

$\quad 1kN + H_A = 0$

$\quad H_A = -1kN$

$\quad H_A = 1kN$ （←）

$\Sigma M_A = 0$ より

$\quad 1kN \times 2m - V_B \times 2m = 0$

$\quad V_B = 1kN$ （↑）　　　　・・・①

$\Sigma Y = 0$、①より

$\quad -1kN + V_A + V_B = 0$

$\quad -1kN + V_A + 1kN = 0$

$\quad V_A = 0kN$

応力図

応力は支点や外力が生じる場所で大きく変化する。そのため、それらの間 [AC 間] および [CD 間]、[BD 間] で切断し、それぞれに応力を求める。

応力の計算は、切断位置からどちら側で計算しても同じ答えとなる。そのため、[BD 間] で切断する場合は、❶よりも❷の側を選んだほうが、荷重や反力数が少なく、計算が簡単である。

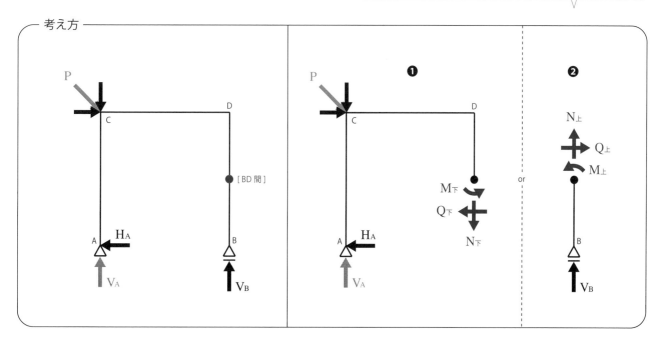

考え方

❶　❷　or

[AC 間] の応力図

$\Sigma X = 0$ より

$\quad Q_{x1} - 1\mathrm{kN} = 0$

$\quad Q_{x1} = 1\mathrm{kN}$

> 柱に生じるせん断力 Q の符号は、「⇄」の組み合わせが「+」、「⇆」の組み合わせが「-」である。

$\Sigma Y = 0$ より

$\quad N_{x1} = 0$

$\Sigma M_{x1} = 0$ より

$\quad -M_{x1} + 1\mathrm{kN} \times x_1 = 0$

$\quad M_{x1} = 1\mathrm{kN} \times x_1$

> x_1 の範囲は $0 \sim 2\mathrm{m}$
> ・$x_1 = 0\mathrm{m}$ の場合
> $M_A = 1\mathrm{kN} \times 0\mathrm{m}$
> $\quad = 0$
> ・$x_1 = 2\mathrm{m}$ の場合
> $M_C = 1\mathrm{kN} \times 2\mathrm{m}$
> $\quad = 2\mathrm{kN \cdot m}$

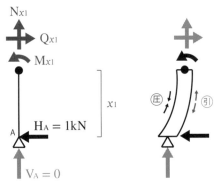

Q図

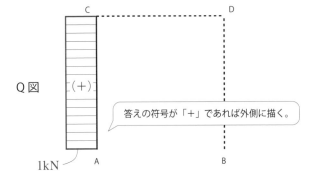

> 答えの符号が「+」であれば外側に描く。

M図

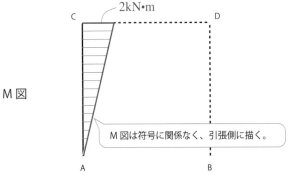

> M図は符号に関係なく、引張側に描く。

[CD 間] の応力図

$\Sigma X = 0$ より

$\quad N_{x2} = 0$

$\Sigma Y = 0$ より

$\quad Q_{x2} + 1\mathrm{kN} = 0$

$\quad Q_{x2} = -1\mathrm{kN}$

$\Sigma M_{x2} = 0$ より

$\quad M_{x2} - 1\mathrm{kN} \times x_2 = 0$

$\quad M_{x2} = 1\mathrm{kN} \times x_2$

> x_2 の範囲は $0 \sim 2\mathrm{m}$
> ・$x_2 = 0\mathrm{m}$ の場合
> $M_D = 1\mathrm{kN} \times 0\mathrm{m}$
> $\quad = 0$
> ・$x_2 = 2\mathrm{m}$ の場合
> $M_C = 1\mathrm{kN} \times 2\mathrm{m}$
> $\quad = 2\mathrm{kN \cdot m}$

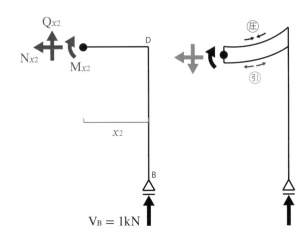

Q図

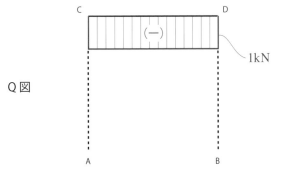

M図

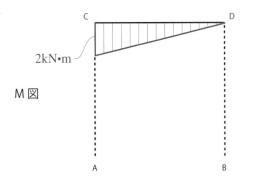

[BD 間] の応力図

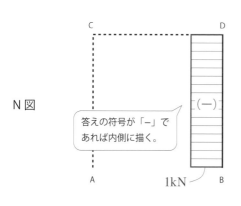

N 図

答えの符号が「−」で あれば内側に描く。

1kN

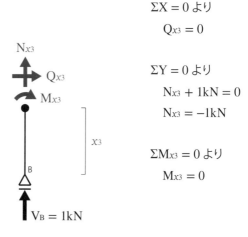

$\Sigma X = 0$ より
$$Q_{x3} = 0$$

$\Sigma Y = 0$ より
$$N_{x3} + 1kN = 0$$
$$N_{x3} = -1kN$$

$\Sigma M_{x3} = 0$ より
$$M_{x3} = 0$$

$V_B = 1kN$

応力図

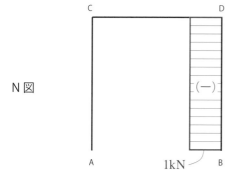

N 図

1kN

最後に、[AC 間] および [CD 間]、[BD 間] それぞれの応力図を統合する。

なお、2つの部材が剛接合で接続されている場合、接合部の同じ側に同じ大きさの曲げモーメントが作用する。また、ヒンジ部のモーメントは必ず0であるため、M 図は C 点の曲げモーメント M_C と D 点の曲げモーメント M_D の値を求め、各値を線で結ぶだけでも描くことができる。

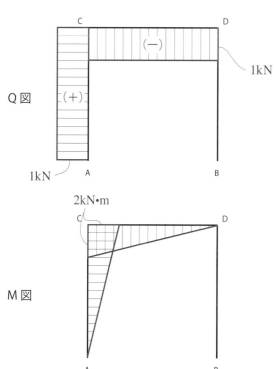

Q 図

1kN

(−)

(+)

1kN

2kN·m

M 図

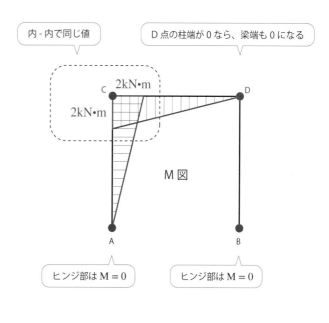

内 - 内で同じ値

D 点の柱端が 0 なら、梁端も 0 になる

2kN·m

2kN·m

M 図

ヒンジ部は M = 0

ヒンジ部は M = 0

次頁に、主要構造モデルにおける各応力図を示す。

主要構造モデルにおける軸方向力図（N図）、せん断力図（Q図）、モーメント図（M図）

荷重条件	M (片持ち梁 モーメント荷重)	P (片持ち梁 集中荷重) ℓ	ω (片持ち梁 等分布荷重) ℓ
N図			
Q図		$(-)$ P	$(-)$ $\omega\ell$
M図	M	$P\ell$	$\dfrac{\omega\ell^2}{2}$
荷重条件	M (単純梁 モーメント荷重) ℓ	P (単純梁 集中荷重) ℓ	ω (単純梁 等分布荷重) ℓ
N図			
Q図	$\dfrac{M}{\ell}$ $(+)$	$\dfrac{P}{2}$ $(+)$ $(-)$ $\dfrac{P}{2}$	$\dfrac{\omega\ell}{2}$ $(+)$ $(-)$ $\dfrac{\omega\ell}{2}$
M図	$\dfrac{M}{2}$ $\dfrac{M}{2}$	$\dfrac{P\ell}{4}$	$\dfrac{\omega\ell^2}{8}$

図のような荷重が作用する構造体において、軸方向力図、せん断力図、モーメント図を描け。ただし、軸方向力は引張力を「＋」、圧縮力を「ー」とし、曲げモーメント図は材の引張側に描くものとする。

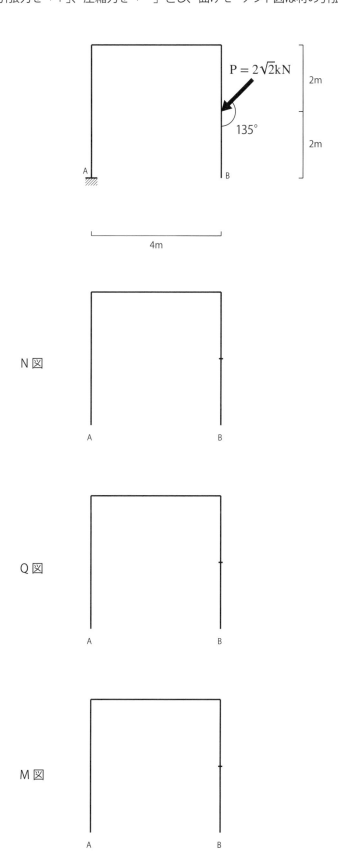

$P = 2\sqrt{2}kN$

135°

2m

2m

4m

A   B

N 図

A   B

Q 図

A   B

M 図

A   B

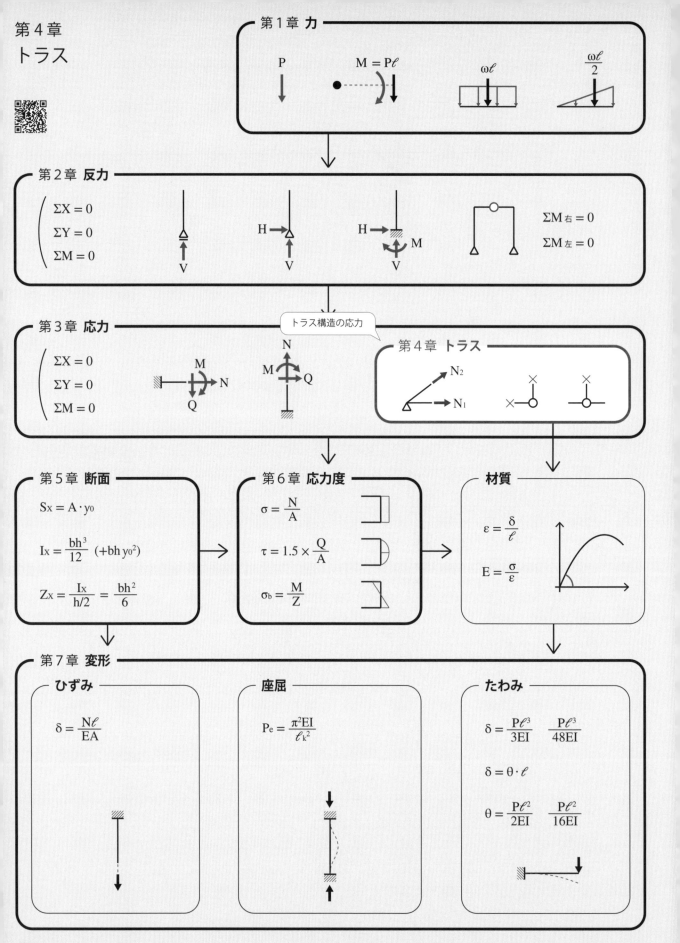

第1章 **力**

$$P$$

$$M = P\ell$$

$$\omega\ell$$

$$\frac{\omega\ell}{2}$$

第2章 **反力**

$$\Sigma X = 0$$
$$\Sigma Y = 0$$
$$\Sigma M = 0$$

$$V$$

$$H \quad V$$

$$H \quad V \quad M$$

$$\Sigma M_右 = 0$$
$$\Sigma M_左 = 0$$

トラス構造の応力

第3章 **応力**

$$\Sigma X = 0$$
$$\Sigma Y = 0$$
$$\Sigma M = 0$$

$$M \quad N \quad Q$$

$$M \quad N \quad Q$$

第4章 **トラス**

$$N_2$$

$$N_1$$

第5章 **断面**

$$S_x = A \cdot y_0$$

$$I_x = \frac{bh^3}{12} \ (+bh\, y_0^2)$$

$$Z_x = \frac{I_x}{h/2} = \frac{bh^2}{6}$$

第6章 **応力度**

$$\sigma = \frac{N}{A}$$

$$\tau = 1.5 \times \frac{Q}{A}$$

$$\sigma_b = \frac{M}{Z}$$

材質

$$\varepsilon = \frac{\delta}{\ell}$$

$$E = \frac{\sigma}{\varepsilon}$$

第7章 **変形**

ひずみ

$$\delta = \frac{N\ell}{EA}$$

座屈

$$P_e = \frac{\pi^2 EI}{\ell_k^2}$$

たわみ

$$\delta = \frac{P\ell^3}{3EI} \quad \frac{P\ell^3}{48EI}$$

$$\delta = \theta \cdot \ell$$

$$\theta = \frac{P\ell^2}{2EI} \quad \frac{P\ell^2}{16EI}$$

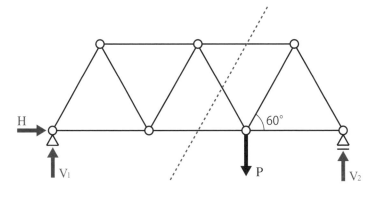

三角形を基本単位とし、各部材の両端をピン（ヒンジ）で接合した構造体をトラスという。節点のみに外力（荷重）が作用する場合、トラス構造には、せん断力 Q および曲げモーメント M は生じず、**軸方向力 N のみが生じる。**

建築に用いられる筋かい材も同様に、「三角形を基本単位とし、各部材の両端をピンで接合した構造体」である。そのため、筋かい材にもせん断力 Q や曲げモーメント M は生じず、軸方向力 N のみが生じる。

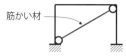

筋かい材

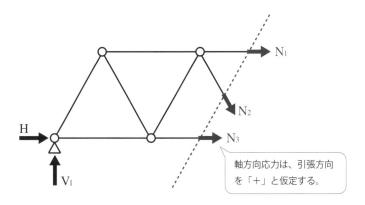

軸方向応力は、引張方向を「＋」と仮定する。

■ 応力を求める手順①（切断法）

前章（応力）と同様に、切断した構造モデルの仮想断面に応力を仮定し、つり合い条件式により求める。ただし、トラス構造にはせん断力 Q および曲げモーメント M は生じないため、軸方向応力 N のみを仮定する。

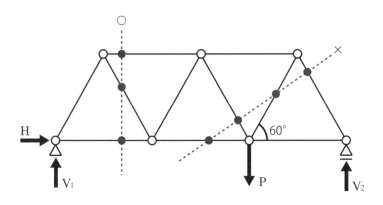

1. **軸方向応力 N** を仮定

↓

2. つり合い条件式

↓

3. 力の向きを検討

切断する部材数が 3 以下の場合のみ、この手順で応力を求めることができる。4 以上になると変数が多くなり過ぎるため、つり合い条件式では値を算出できない。

節点を圧縮する向きを「－」とする。

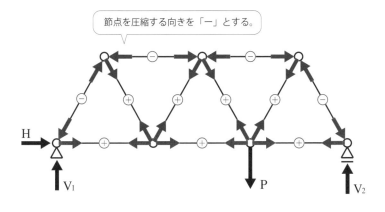

■ 符号のルール

軸方向力の符号は、引張が「＋」、圧縮が「－」である (参照:p.35)。トラス構造においても、節点を引張る向きの応力 ◀─○─▶ を「＋」、節点を圧縮する向きの応力 ─▶○◀─ を「－」として計算する。

図のような外力が作用する静定トラスにおいて、部材 A に生じる軸方向力 N_A を求めよ。

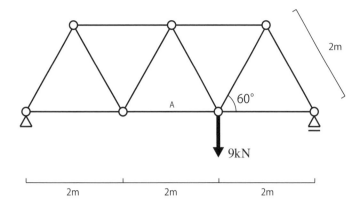

左右の支点を B、C とし、それぞれの支点に反力を仮定した上でつり合い条件式を用いる。

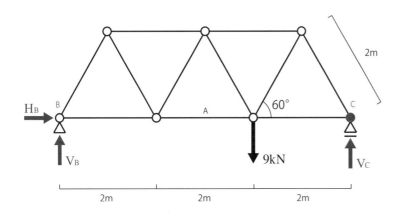

$\Sigma X = 0$ より

　$H_B = 0$

$\Sigma M_C = 0$ より

　$V_B \times 6m - 9kN \times 2m = 0$

　$V_B = 3kN$（↑）

$\Sigma Y = 0$ より

　$V_B - 9kN + V_C = 0$

　$3kN - 9kN + V_C = 0$

　$V_C = 6kN$（↑）

> 切断線の左側を用いた計算を行う場合、C 点の反力は関わらない。そのため、V_C は算出しなくてもよい。

応力（切断法）

部材 A の位置で切断し、片側（左側）の構造モデルを用いて応力を算出する。

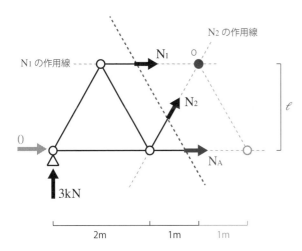

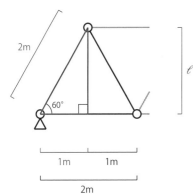

切断した部材それぞれに応力を仮定する。

なお、この問題のように変数が3つある場合には、求める必要のない N_1 と N_2 の作用線が交差する場所を基点（O 点）として、モーメントのつり合い条件式「$\Sigma M_O = 0$」を計算する（参照：p.19）。

　$\Sigma M_O = 0$ より

　$3kN \times 3m - N_A \times \ell = 0$　　・・・①

また、このトラスは一辺が 2m の正三角形で構成されているため、O 点から N_A の作用線までの距離 ℓ は、左下図のように三角比から求めることができる。

　$\ell = \sqrt{3}m$　　・・・②

①、②より

　$3kN \times 3m - N_A \times \sqrt{3}m = 0$

　$N_A = \dfrac{9kN \cdot m}{\sqrt{3}m} = \dfrac{9kN}{\sqrt{3}} \times \dfrac{\sqrt{3}}{\sqrt{3}}$

　　　$= \dfrac{9kN}{3} \times \sqrt{3}$

> 分母に平方根を含む分数から、含まない分数へと変形することを有理化という。

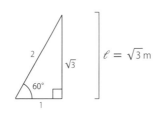

> 答えが「＋」であるため、N_A は引張「←・→」の軸方向力である。

答　$\underline{N_A = 3\sqrt{3}kN\,（引張）}$

図のような外力が作用する静定トラスにおいて、部材 A に生じる軸方向力 N_A を求めよ。

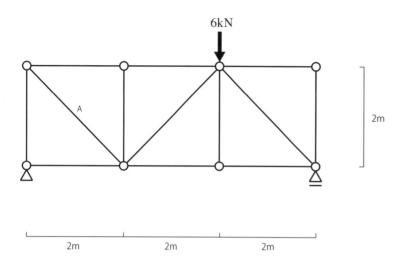

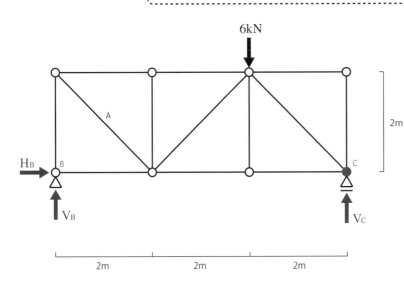

$\Sigma X = 0$ より

$\quad H_B = 0$

$\Sigma M_C = 0$ より

$\quad V_B \times 6m - 6kN \times 2m = 0$

$\quad V_B = 2kN$（↑）

$\Sigma Y = 0$ より

$\quad 2kN - 6kN + V_C = 0$

$\quad V_C = 4kN$（↑）

切断線の左側を用いて応力の計算を行う場合には、V_C を算出しなくてもよい。

補足

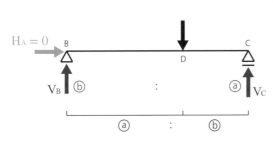

鉛直反力は距離の逆比として求めることもできる。

左図において、荷重が作用する点（D 点）までの距離が a：b であれば、鉛直反力 V_B、V_C の比は b：a である。

この問題では、荷重が 4m：2m の位置に作用していることから「$V_B : V_C = 2 : 4$」が成り立ち、「$V_B + V_C = 6kN$」により、$V_B = 2kN$（↑）、$V_C = 4kN$（↑）となる。

応力（切断法）

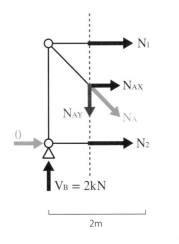

N_1 の作用線と N_2 の作用線が平行であるため、基本問題 No.20と同様の解き方はできない。

水平方向は N_1、N_{AX}、N_2 と変数が多いのに対し、鉛直方向の変数は N_{AY} のみである。そこで、鉛直方向のつり合い条件式「$\Sigma Y = 0$」を用いて N_{AY} を算出する。

左図の位置で切断し、切断した部材それぞれに応力を仮定する。なお、斜めに作用する荷重は、計算を容易にするため水平荷重 N_{AX} と鉛直荷重 N_{AY} に分割する（参照：p.13）。

$\quad \Sigma Y = 0$ より

$\quad 2kN - N_{AY} = 0$

$\quad N_{AY} = 2kN \qquad \cdots ①$

N_{AY} の値および45°45°90°の三角比を用いて、分割前の荷重 N_A を算出する。

「$N_{AX} : N_{AY} : N_A = 1 : 1 : \sqrt{2}$」、①より

$\quad N_A \times 1 = N_{AY} \times \sqrt{2}$

$\quad N_A = 2kN \times \sqrt{2}$

答 $= \underline{2\sqrt{2}kN（引張）}$

答えが「＋」であるため、N_A は引張「←・→」の軸方向力である。

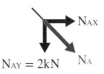

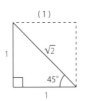

練習 4-1（解答 p.193）

図のような外力が作用する静定トラスにおいて、部材 A、B に生じる軸方向力 N_A、N_B を求めよ。

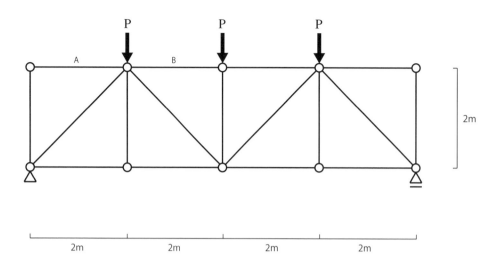

練習 4-2（解答 p.193）

図のような外力が作用する静定トラスにおいて、部材 A に生じる軸方向力 N_A を求めよ。

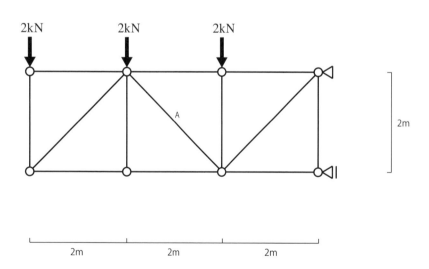

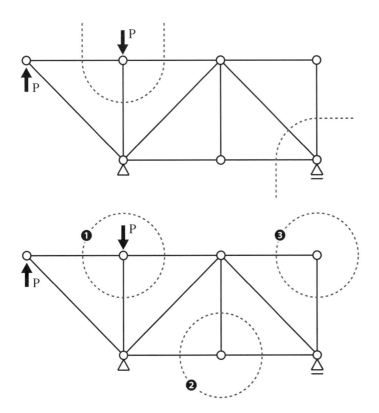

■ 応力を求める手順②（節点法）

仮想断面のつり合いは、左図のように節点まわりで切断した場合にも成り立つ。つまり、各節点まわりでは、いずれも力がつり合っており、つり合い条件式が成り立つ。

$$
つり合い条件式 \begin{cases} \Sigma X = 0 \\ \Sigma Y = 0 \\ \Sigma M = 0 \end{cases}
$$

例えば、左図❶、❷、❸の節点でそれぞれつり合い条件式を用いると、下表のような関係が成り立つ。なお、引張も圧縮も生じていない部材を **0 部材**（ゼロ部材）といい、応力が生じていないことから、この部材の有無によって効果に変化は生じない（0 部材は省略できる）。

---

❶

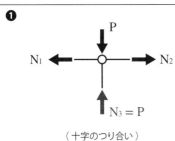

（十字のつり合い）

X軸、Y軸それぞれに相対する力は、大きさが等しく、反対方向に生じる。

$$N_1 = N_2 \qquad N_3 = P$$

斜め部材の場合は、軸方向力を X 軸、Y 軸に分解して考える。

$$N_{4X} = N_5 \qquad N_{4Y} = P$$

---

❷

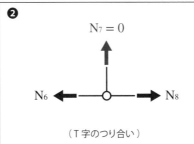

（T字のつり合い）

節点に3つの部材が接合しているとき、そのうちの2つが一直線上であれば、この2力がつり合い、残り1つの部材は0部材である。

$$N_6 = N_8 \qquad N_7 = 0$$

部材の代わりに荷重や反力が作用する場合にも、一直線上にない部材は 0 部材である。

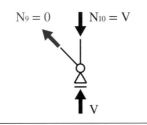

---

❸

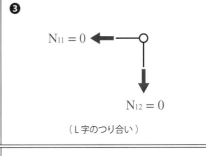

（L字のつり合い）

外力や反力を受けない節点で、2つの部材が角度をもって接合しているとき、それらの部材はいずれも 0 部材である。

$$N_{11} = 0 \qquad N_{12} = 0$$

下図のように直角以外の場合でも同様に 0 部材である。

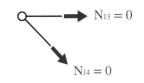

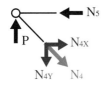

基本問題　No.22

図のような外力が作用する静定トラスにおいて、部材 A に生じる軸方向力 N_A を求めよ。

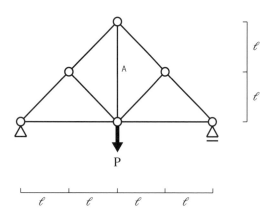

基本問題　No.23

図のような外力が作用する静定トラスにおいて、部材 A に生じる軸方向力 N_A を求めよ。

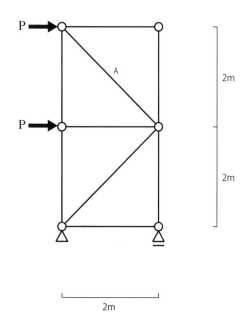

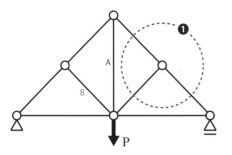

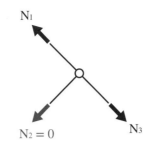

応力（節点法）

節点❶まわりのつり合い（T字のつり合い）

N_1 と N_3 は一直線上にあるため、この2力でつり合う。そのため、N_2 には応力が生じておらず、0 部材（引張も圧縮も生じていない部材）である。

同様に、部材 B も 0 部材である

なお、0 部材には応力が生じていないことから、以降、左下図のように省略して考えることができる。

節点❷まわりのつり合い（十字のつり合い）

節点まわりの各部材に軸方向力を仮定し、つり合い条件式により N_A を求める。なお、N_A が鉛直方向に生じていることから、「$\Sigma Y = 0$」より算出する。

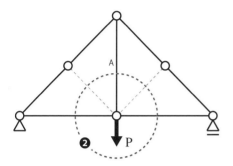

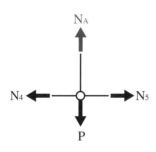

$$\Sigma Y = 0 \text{ より}$$
$$N_A - P = 0$$
$$\text{答}\ \underline{N_A = P\ (引張)}$$

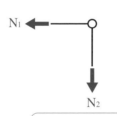

応力（節点法）

節点❶まわりのつり合い（L字のつり合い）

荷重や反力を受けておらず、2つの部材が角度をもって接合しているため、$\underline{N_1}$ および N_2 は $\underline{0\ 部材}$である。

節点❷まわりのつり合い

節点まわりの各部材に軸方向力を仮定し、つり合い条件式により N_A を求める。なお、N_A は斜めに作用するため、水平荷重 N_{AX} と鉛直荷重 N_{AY} に分割して計算する。

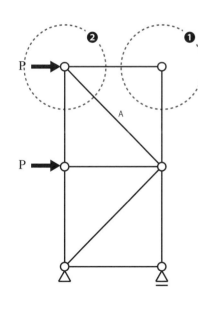

この結果を受けて

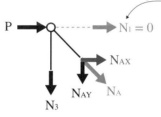

$$\Sigma X = 0 \text{ より}$$
$$P + N_{AX} = 0$$
$$N_{AX} = -P \qquad \cdots ①$$

N_{AX} の値および45°45°90°の三角比を用いて、分割前の荷重 N_A を算出する。

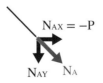

$$\text{「}N_{AX} : N_{AY} : N_A = 1 : 1 : \sqrt{2}\text{」、①より}$$
$$N_A \times 1 = N_{AX} \times \sqrt{2}$$
$$N_A = -P \times \sqrt{2}$$
$$\text{答}\ \underline{= -\sqrt{2}\,P\ (圧縮)}$$

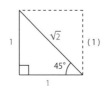

答えが「−」であるため、圧縮「→・←」の軸方向応力である。

練習 4-3 (解答 p.194)

図のような外力が作用する静定トラスにおいて、部材 A、B に生じる軸方向力 N_A、N_B を求めよ。

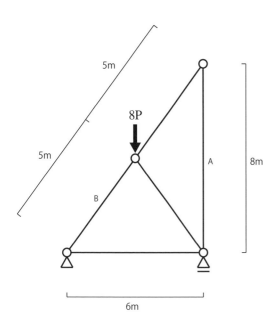

練習 4-4 (解答 p.194)

図のような外力が作用する静定トラスにおいて、部材 A、B に生じる軸方向力 N_A、N_B を求めよ。

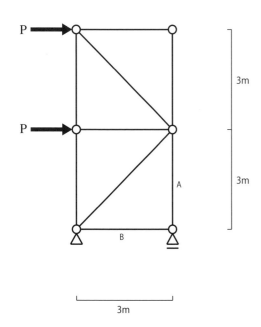

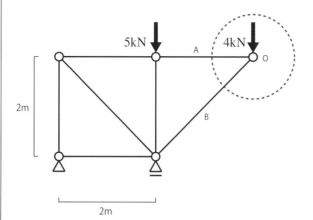

■ 応力を求める手順 ③（クレモナ図解法）

トラス構造に作用する応力は、次の関係を用いて図解することも可能である。

> ・節点まわりの応力・荷重はつり合う（参照：p.61）。
> ・つり合っている複数の力を平行移動してつなげると、始点と終点は一致する（示力図が閉じる。参照：p.17）。

① O点まわりで切断し、応力 N_A、N_B を仮定する。

> 外力として作用する 4kN と部材内部に作用する応力 N_A、N_B はつり合っている。そのため、この3力の示力図は閉じるはずである。

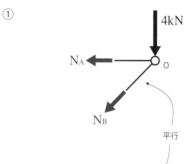

② 示力図を描き、応力の向きを求める。

4kN の始点・終点を通るように N_A の作用線と N_B の作用線を引く。そして、示力図が閉じる方向に N_A、N_B のベクトルを描くことで、軸方向力 N_A、N_B の向きを求めることができる。

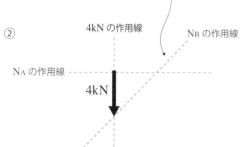

③ 三角比を用いて、応力 N_A、N_B の大きさを求める。

$$N_A : 4kN : N_B = 1 : 1 : \sqrt{2}\ \text{より}$$
$$N_A = 4kN \times 1$$
$$\quad = 4kN$$
$$N_B = 4kN \times \sqrt{2}$$
$$\quad = 4\sqrt{2}kN$$

④ 最後に、示力図の力 N_A、N_B を元の位置に平行移動することで、それぞれの応力を示すことができる。

なお、ベクトルの向きより $N_A = 4kN$ が引張（＋方向）に、$N_B = 4\sqrt{2}$ kN が圧縮（－方向）に作用していることがわかる。

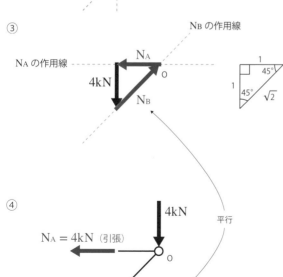

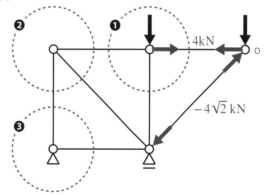

加えて、節点❶、❷、❸まわりの順で同様の図解を行うことで、他の部材の応力も求めることができる。

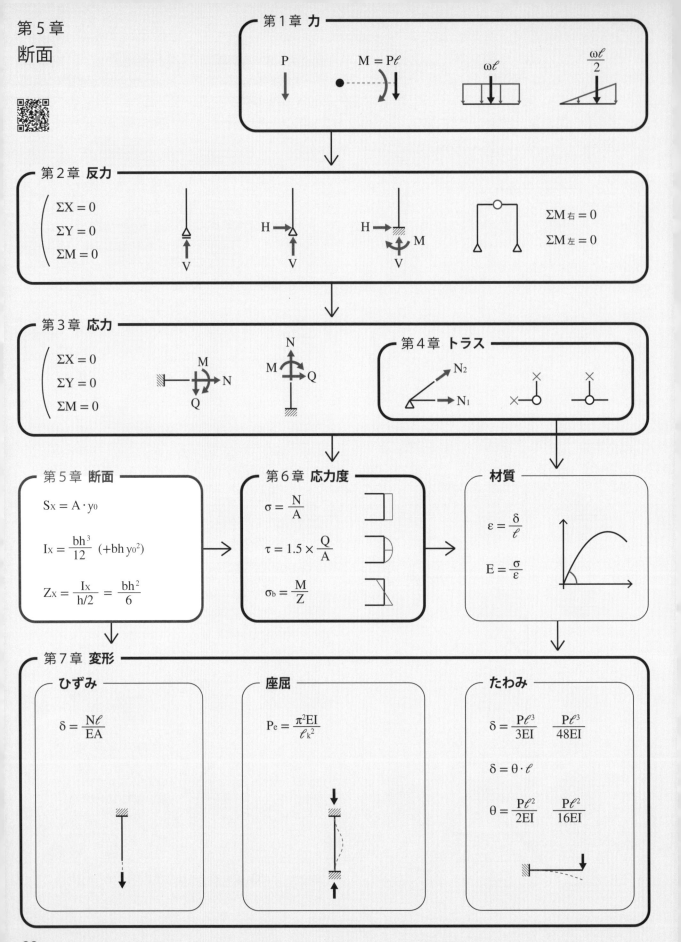

[断面の性質]

部材の力学的な特性は、その断面形状によって異なる。構造力学の計算では、断面積 A のほか、断面の図心を求めるための ① **断面一次モーメント S** 、曲げに対する強さを求めるための ② **断面二次モーメント I** 、材縁の曲げ応力度（次章）を求めるための ③ **断面二次モーメント Z** などを用いる。

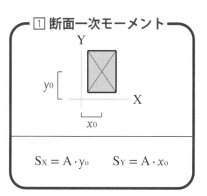

① 断面一次モーメント

$$S_X = A \cdot y_0 \qquad S_Y = A \cdot x_0$$

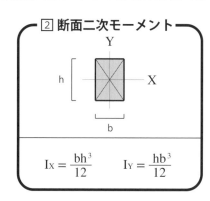

② 断面二次モーメント

$$I_X = \frac{bh^3}{12} \qquad I_Y = \frac{hb^3}{12}$$

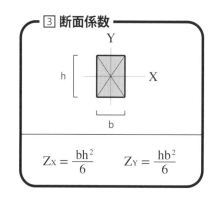

③ 断面係数

$$Z_X = \frac{bh^2}{6} \qquad Z_Y = \frac{hb^2}{6}$$

① **断面一次モーメント S**（単位：mm³、cm³）

断面積に重心までの距離を乗じたものであり、X 軸・Y 軸それぞれの断面一次モーメントの値がわかれば、断面の図心（x_0, y_0）を求めることができる。

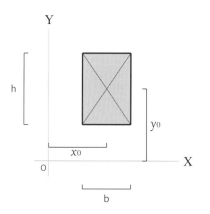

X 軸に関する断面一次モーメント $S_X = A \times y_0$

Y 軸に関する断面一次モーメント $S_Y = A \times x_0$

A ：断面積 b × h

y_0 ：X 軸から重心までの距離

x_0 ：Y 軸から重心までの距離

矩形（長方形）断面以外の場合は、下図のように複数の矩形断面に分割して考える。このとき、それぞれの断面一次モーメント（S_1 および S_2）を加算したものが、元の断面形状の断面一次モーメント S であり、X 軸および Y 軸それぞれに算出する必要がある。

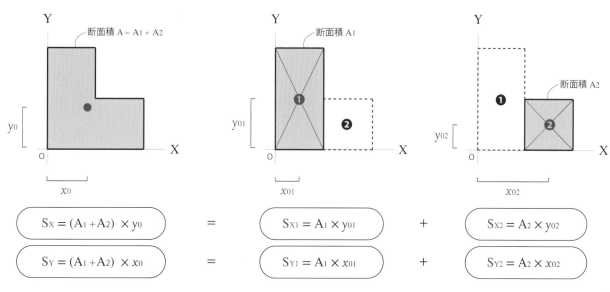

$$S_X = (A_1 + A_2) \times y_0 \qquad = \qquad S_{X1} = A_1 \times y_{01} \qquad + \qquad S_{X2} = A_2 \times y_{02}$$

$$S_Y = (A_1 + A_2) \times x_0 \qquad = \qquad S_{Y1} = A_1 \times x_{01} \qquad + \qquad S_{Y2} = A_2 \times x_{02}$$

67

図のような L 字形断面において、図心の座標 (x_0, y_0) の値を求めよ。

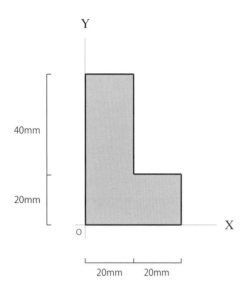

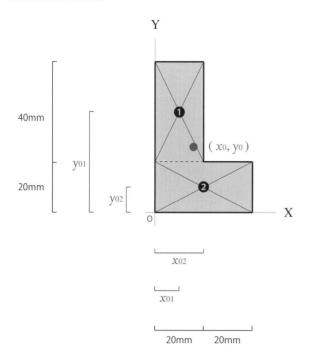

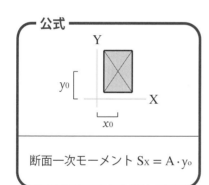

矩形（長方形）断面以外の断面一次モーメントは、複数の矩形断面に分割して考える。

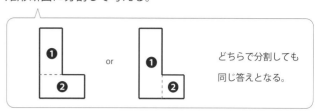

どちらで分割しても同じ答えとなる。

■ X 軸に関する断面一次モーメント S_X

$$S_X = S_{X1} + S_{X2} \quad \cdots ①$$

$$S_X = A \times y_0 \quad \cdots ②$$

①、②より

$$A \times y_0 = A_1 \times y_{01} + A_2 \times y_{02}$$

$$\underbrace{(20{\times}40 + 40{\times}20)}_{A} \times y_0 = \underbrace{(20{\times}40)}_{A_1} \times \underbrace{40}_{y_{01}} + \underbrace{(40{\times}20)}_{A_2} \times \underbrace{10}_{y_{02}}$$

答 $\underline{y_0 = 25\text{mm}}$

■ Y 軸に関する断面一次モーメント S_Y

$$S_Y = S_{Y1} + S_{Y2} \quad \cdots ③$$

$$S_Y = A \times x_0 \quad \cdots ④$$

③、④より

$$A \times x_0 = A_1 \times x_{01} + A_2 \times x_{02}$$

$$\underbrace{(20{\times}40 + 40{\times}20)}_{A} \times x_0 = \underbrace{(20{\times}40)}_{A_1} \times \underbrace{10}_{x_{01}} + \underbrace{(40{\times}20)}_{A_2} \times \underbrace{20}_{x_{02}}$$

答 $\underline{x_0 = 15\text{mm}}$

公式

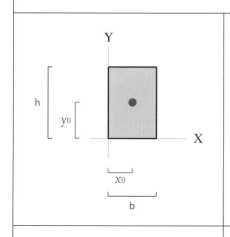

断面一次モーメント $S_X = A \cdot y_0$

補足

基本図形の図心位置

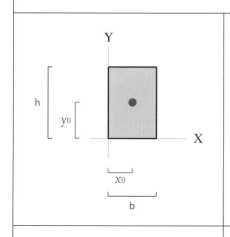
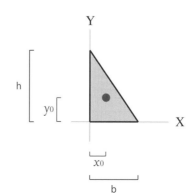

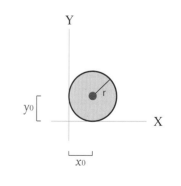

$x_0 = \dfrac{b}{2}$ 、 $y_0 = \dfrac{h}{2}$	$x_0 = \dfrac{b}{3}$ 、 $y_0 = \dfrac{h}{3}$	$x_0 = r$ 、 $y_0 = r$

練習 5-1（解答 p.195）

図のような T 字形断面において、図心の座標（x_0, y_0）の値を求めよ。

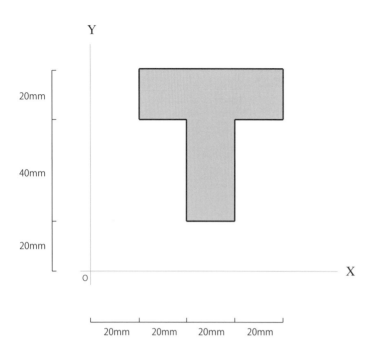

練習 5-2（解答 p.195）

図のような断面において、図心の座標（x_0, y_0）の値を求めよ。

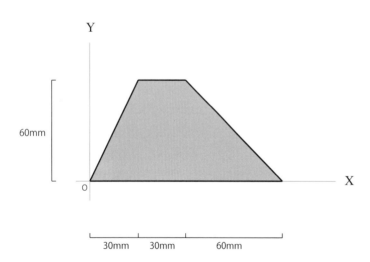

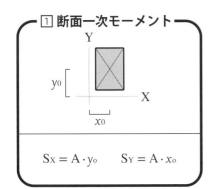

1 断面一次モーメント

$$S_X = A \cdot y_0 \qquad S_Y = A \cdot x_0$$

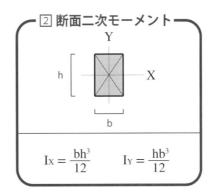

2 断面二次モーメント

$$I_X = \frac{bh^3}{12} \qquad I_Y = \frac{hb^3}{12}$$

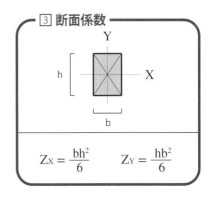

3 断面係数

$$Z_X = \frac{bh^2}{6} \qquad Z_Y = \frac{hb^2}{6}$$

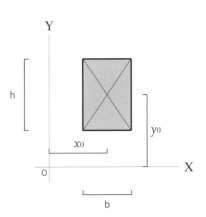

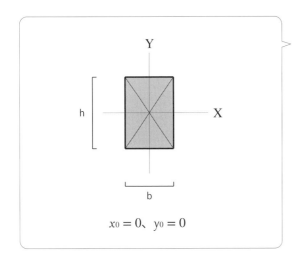

$$x_0 = 0、 y_0 = 0$$

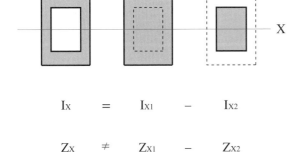

$$I_X \quad = \quad I_{X1} \quad - \quad I_{X2}$$

$$Z_X \quad \neq \quad Z_{X1} \quad - \quad Z_{X2}$$

断面係数の計算において、複数図形の足し引きはできない。

---

2 **断面二次モーメント** I（単位：mm⁴、cm⁴）

曲げに対する強さの指標であり、次の公式で求める。

> この値が大きくなるほど、曲げに対して
> 変形しにくい部材であることを意味する。

$$I_X = \frac{bh^3}{12} + bhy_0^2 \qquad\qquad I_Y = \frac{hb^3}{12} + bhx_0^2$$

ただし、左下図のように X 軸、Y 軸が断面の中心を通る場合（$x_0 = 0$、$y_0 = 0$）に限っては、次のように省略できる。

> X 軸に関する断面二次モーメント $I_X = \dfrac{bh^3}{12}$
>
> Y 軸に関する断面二次モーメント $I_Y = \dfrac{hb^3}{12}$

なお、矩形断面以外の場合は、複数の矩形断面に分割し、それぞれの断面二次モーメントを加算して求める。

3 **断面係数** Z（単位：mm³、cm³）

材縁の曲げ応力度（次章）を求めるために用いる曲げ強さの度合いであり、下記の公式により求める。

> X 軸に関する断面係数 $Z_X = \dfrac{bh^2}{6}$
>
> Y 軸に関する断面係数 $Z_Y = \dfrac{hb^2}{6}$

なお、断面係数は、複数図形の足し引きによる計算ができない。そのため、矩形断面以外の断面係数を求めるためには、先に断面二次モーメント I を求め、縁端距離（軸から材縁までの距離）で除して算出する必要がある。

$$Z_X = \frac{I_X}{\frac{h}{2}} \qquad\qquad Z_Y = \frac{I_Y}{\frac{b}{2}}$$

図のような断面の X 軸に関する断面二次モーメント I_x を求めよ。

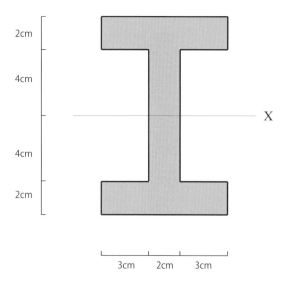

矩形断面以外の断面二次モーメントは、複数の矩形断面に分割し、それぞれを加算して求める。この問題では、「❶ 8cm × 12cm の断面二次モーメント」から、「❷ 3cm×8cm の断面二次モーメント × 2つ」を減じて求める。

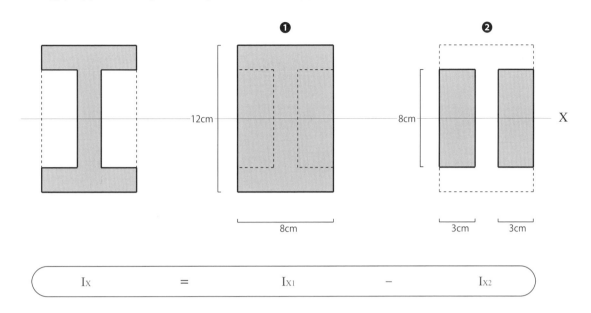

$$I_X \qquad = \qquad I_{X1} \qquad - \qquad I_{X2}$$

$$I_{X1} = \frac{8\text{cm}\times(12\text{cm})^3}{12} \qquad \cdots ①$$

$$I_{X2} = \frac{3\text{cm}\times(8\text{cm})^3}{12} + \frac{3\text{cm}\times(8\text{cm})^3}{12} \qquad \cdots ②$$

「$I_X = I_{X1} - I_{X2}$」および①、②より

$$I_X = \frac{8\text{cm}\times(12\text{cm})^3}{12} - \left(\frac{3\text{cm}\times(8\text{cm})^3}{12} + \frac{3\text{cm}\times(8\text{cm})^3}{12} \right)$$

$$I_X = \quad 1152\text{cm}^4 \quad - \quad 128\text{cm}^4 \quad - \quad 128\text{cm}^4$$

答 $\underline{I_X = 896\text{cm}^4}$

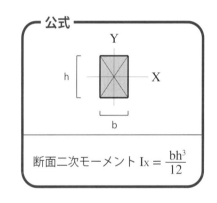

公式

断面二次モーメント $I_X = \dfrac{bh^3}{12}$

補足

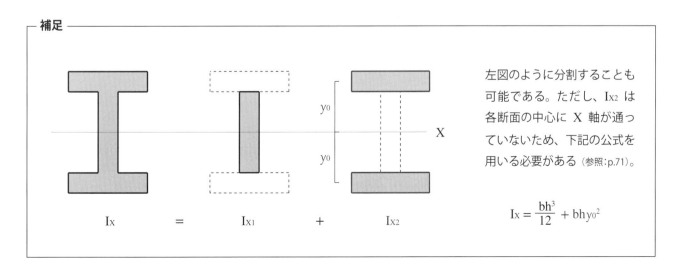

$$I_X \qquad = \qquad I_{X1} \qquad + \qquad I_{X2}$$

左図のように分割することも可能である。ただし、I_{X2} は各断面の中心に X 軸が通っていないため、下記の公式を用いる必要がある（参照:p.71）。

$$I_X = \frac{bh^3}{12} + bhy_0^2$$

図のような断面の X 軸に関する断面係数 Z_x を求めよ。

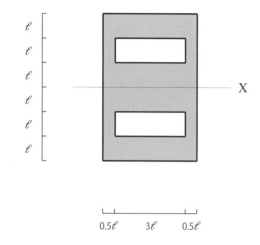

断面係数は、複数図形の足し引きによる計算ができない。そのため、矩形断面以外の断面係数を求めるためには、先に断面二次モーメント I を求め、縁端距離（軸から材縁までの距離）で除して算出する必要がある。

断面二次モーメント　　　　　　　　　　　　　　　　　　　　　　　　　　　　　　　　　参考 p.71

この問題では、「❶ $4\ell×6\ell$ 断面の断面二次モーメント」から、「❷ $3\ell×4\ell$ 断面の断面二次モーメント」を減じ、さらに「❸ $3\ell×2\ell$ 断面の断面二次モーメント」を加えて算出する。

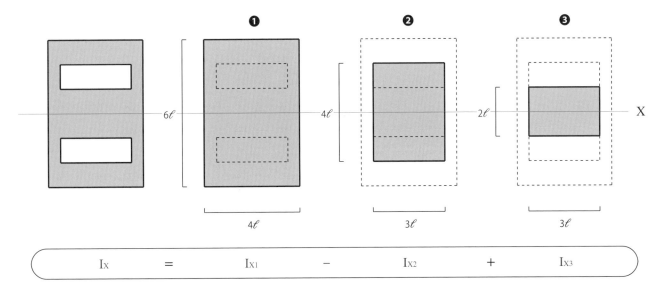

$$I_X = I_{X1} - I_{X2} + I_{X3}$$

$$I_{X1} = \frac{4\ell×(6\ell)^3}{12} \quad \cdots ①$$

$$I_{X2} = \frac{3\ell×(4\ell)^3}{12} \quad \cdots ②$$

$$I_{X3} = \frac{3\ell×(2\ell)^3}{12} \quad \cdots ③$$

「$I_X = I_{X1} - I_{X2} + I_{X3}$」および①、②、③より

$$I_X = \frac{4\ell×(6\ell)^3}{12} - \frac{3\ell×(4\ell)^3}{12} + \frac{3\ell×(2\ell)^3}{12}$$

$$I_X = \frac{696\ell^4}{12}$$

$$I_X = 58\ell^4$$

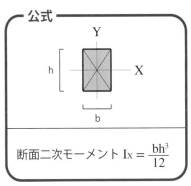

公式

断面二次モーメント $I_X = \dfrac{bh^3}{12}$

断面係数

断面二次モーメント I を縁端距離（軸から材縁までの距離）で除して、断面係数を算出する。

$$断面係数 Z_X = \frac{I_X}{\frac{h}{2}} = \frac{58\ell^4}{3\ell} \underset{答}{=} \underline{\frac{58\ell^3}{3}}$$

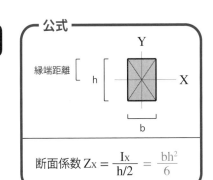

公式

縁端距離

断面係数 $Z_X = \dfrac{I_X}{h/2} = \dfrac{bh^2}{6}$

練習 5-3（解答 p.196）

図のような断面 A および断面 B において、X 軸に関する断面二次モーメント I_x の値の差の絶対値を求めよ。

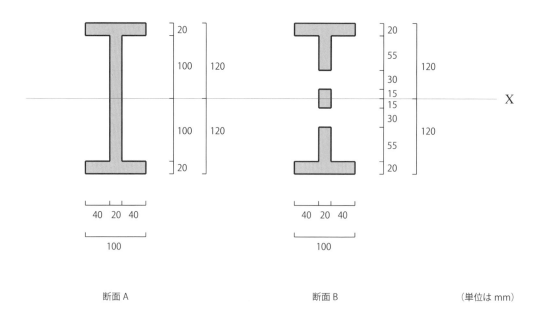

断面 A　　　　　　断面 B　　　　　（単位は mm）

練習 5-4（解答 p.196）

図のような断面 A と断面 B、断面 C において、X 軸に関する断面係数をそれぞれ Z_A、Z_B、Z_C としたとき、それらの大小関係を求めよ。

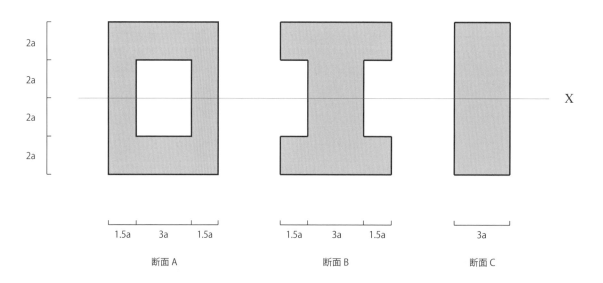

断面 A　　　　　　断面 B　　　　　断面 C

	長方形	円	三角形
構造 モデル			
断面積 （A）	bh	πr^2 、 $\dfrac{\pi d^2}{4}$	$\dfrac{bh}{2}$
断面二次 モーメント （I）	$\dfrac{bh^3}{12}$	$\dfrac{\pi r^4}{4}$ 、 $\dfrac{\pi d^4}{64}$	$\dfrac{bh^3}{36}$
断面係数 （Z）	$\dfrac{bh^2}{6}$	$\dfrac{\pi r^3}{4}$ 、 $\dfrac{\pi d^3}{32}$	$\dfrac{bh^2}{24}$

補足

相互に接続されていない複数材に荷重が作用する場合は、各部材がそれぞれに変形する。そのため、断面二次モーメント I は各断面における断面二次モーメントの総和として計算する。

梁A
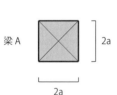
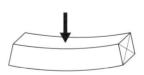
$$I_{XA} = \frac{2a \times (2a)^3}{12} = \frac{4a^4}{3}$$

梁B
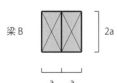
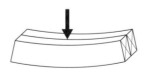
$$I_{XB} = \frac{a \times (2a)^3}{12} \times 2 = \frac{4a^4}{3}$$

梁C
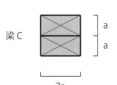
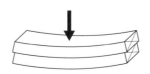
$$I_{XC} = \frac{2a \times a^3}{12} \times 2 = \frac{a^4}{3}$$

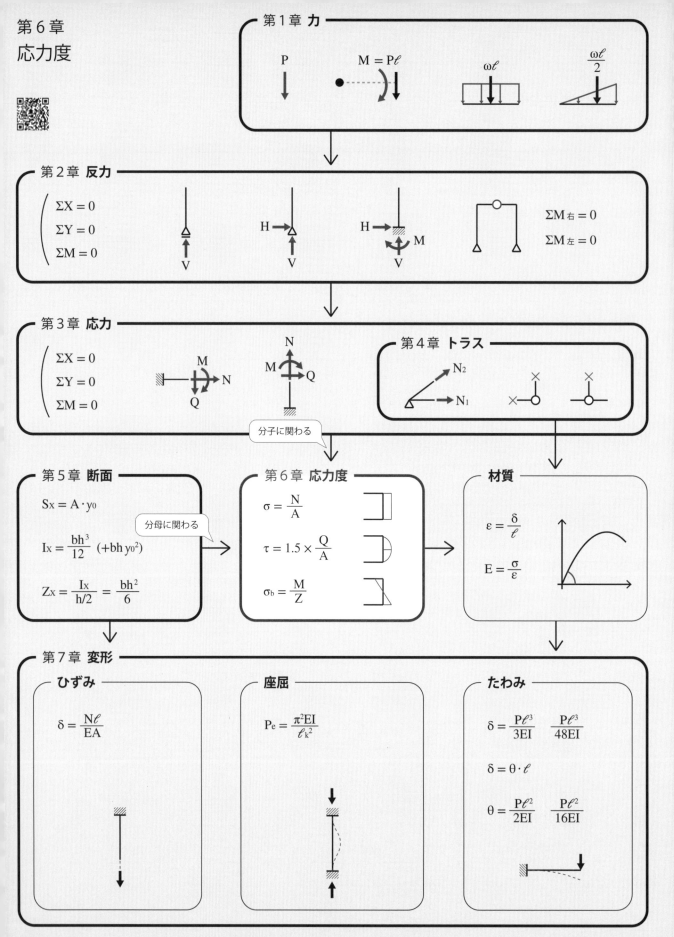

第1章 **力**

P

$M = P\ell$

$\omega\ell$

$\dfrac{\omega\ell}{2}$

第2章 **反力**

$\begin{cases} \Sigma X = 0 \\ \Sigma Y = 0 \\ \Sigma M = 0 \end{cases}$

H → V

H → V M

$\Sigma M_右 = 0$

$\Sigma M_左 = 0$

第3章 **応力**

$\begin{cases} \Sigma X = 0 \\ \Sigma Y = 0 \\ \Sigma M = 0 \end{cases}$

M → N Q

N M → Q

第4章 **トラス**

N_2

N_1

分子に関わる

第5章 **断面**

$S_x = A \cdot y_0$

$I_x = \dfrac{bh^3}{12} \ (+bh\,y_0{}^2)$

$Z_x = \dfrac{I_x}{h/2} = \dfrac{bh^2}{6}$

分母に関わる

第6章 **応力度**

$\sigma = \dfrac{N}{A}$

$\tau = 1.5 \times \dfrac{Q}{A}$

$\sigma_b = \dfrac{M}{Z}$

材質

$\varepsilon = \dfrac{\delta}{\ell}$

$E = \dfrac{\sigma}{\varepsilon}$

第7章 **変形**

ひずみ

$\delta = \dfrac{N\ell}{EA}$

座屈

$P_e = \dfrac{\pi^2 EI}{\ell_k{}^2}$

たわみ

$\delta = \dfrac{P\ell^3}{3EI} \quad \dfrac{P\ell^3}{48EI}$

$\delta = \theta \cdot \ell$

$\theta = \dfrac{P\ell^2}{2EI} \quad \dfrac{P\ell^2}{16EI}$

[応力度]

これまでの計算では、主に単線で表される構造モデルを用いてきた。しかしながら、実際に使用する部材には太さがあり、様々な断面形状が用いられている。そのため、部材が許容できる力の大きさを求めるためには、断面の性質（第5章）を考慮し、部材断面に作用する単位面積当たりの応力を求める必要がある。この「**単位面積当たりの応力**」を応力度という。

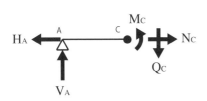
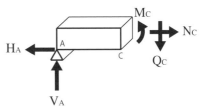

部材内部には軸方向力 N、せん断力 Q、モーメント M の3種類の応力が生じている（参照：p.35）。そのため、単位面積当たりの応力である応力度もまた、下記のようにそれぞれに対応した3種類が用いられる。

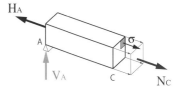
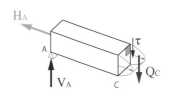
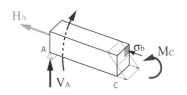

> ・単位面積あたりの **軸方向力 (N)** ⟶ **垂直応力度 (σ)**
>
> ・単位面積あたりの **せん断力 (Q)** ⟶ **せん断応力度 (τ)**
>
> ・単位面積あたりの **曲げモーメント (M)** ⟶ **曲げ応力度 (σ_b)**

（ 単位：N/mm², kN/m² ）

垂直応力度 σ は断面に一様に分布し、軸方向力 N を断面積 A で除して求める。一方、せん断応力度 τ と曲げ応力度 σ_b は一様には分布しないため、下図の公式を用いて最大値（せん断応力度は中立軸部分の値、曲げ応力度は再外縁の値）を求める。

応力度の種類	垂直応力度	せん断応力度 (中立軸)	曲げ応力度 (最外縁)
記号	σ	τ	σ_b
座屈形状			
公式	$\sigma = \dfrac{N}{A}$	$\tau = 1.5 \times \dfrac{Q}{A}$	$\sigma_b = \dfrac{M}{Z}$

図のような荷重が作用する単純梁において、C 点に生じる垂直応力度 σ (N/mm²)、最大せん断応力度 τ (N/mm²) および最外縁の曲げ応力度 σ_b (N/mm²) を求めよ。ただし、部材の断面は一様とし、自重は無視するものとする。

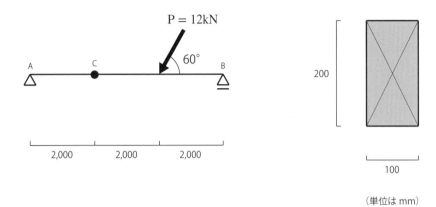

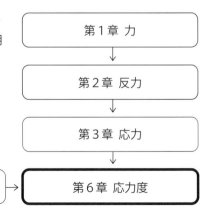

（単位は mm）

┌─ 考え方 ─────────────────────────────────

応力度とは「単位面積当たりの応力」である。そのため、応力度を求めるためには、第5章で学習した [断面] と第3章で学習した [応力] を用いる必要があり、また応力は必要に応じて、[反力] や [力（外力）] より計算することになる。

| 第1章 力 |
| 第2章 反力 |
| 第3章 応力 |
| 第5章 断面 | → | 第6章 応力度 |

└──────────────────────────────────────

力の合成・分解　参考 p.13

斜め方向に作用する荷重は、三角比より X 軸方向の P_X と Y 軸方向の P_Y に分割する。

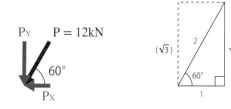

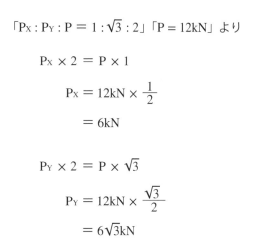

「$P_X : P_Y : P = 1 : \sqrt{3} : 2$」「$P = 12kN$」より

$$P_X \times 2 = P \times 1$$
$$P_X = 12kN \times \frac{1}{2}$$
$$= 6kN$$

$$P_Y \times 2 = P \times \sqrt{3}$$
$$P_Y = 12kN \times \frac{\sqrt{3}}{2}$$
$$= 6\sqrt{3}kN$$

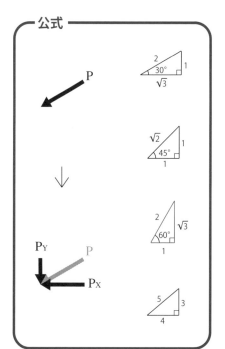

反力　参考 p.23

A 点および B 点に反力を仮定し、つりあい条件式により水平反力 H_A と鉛直反力 V_A、V_B を求める。

$\Sigma X = 0$ より
$$H_A - 6kN = 0$$
$$H_A = 6kN \ (\rightarrow)$$

$\Sigma M_A = 0$ より
$$6\sqrt{3}kN \times 4,000mm - V_B \times 6,000mm = 0$$
$$V_B = 4\sqrt{3}kN \ (\uparrow) \quad \cdots ①$$

$\Sigma Y = 0$、①より
$$V_A - 6\sqrt{3}kN + V_B = 0$$
$$V_A - 6\sqrt{3}kN + 4\sqrt{3}kN = 0$$
$$V_A = 2\sqrt{3}kN \ (\uparrow)$$

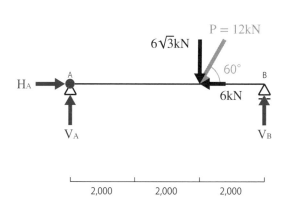

（単位は mm）

C 点で切断した構造モデルに応力を仮定し、つりあい条件式により軸方向応力 N_C、せん断応力 Q_C および曲げ応力 M_C を求める。

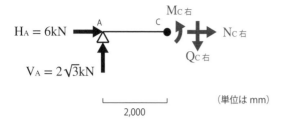

(単位は mm)

2,000

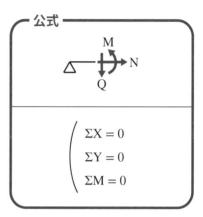

公式

$$
\begin{cases}
\Sigma X = 0 \\
\Sigma Y = 0 \\
\Sigma M = 0
\end{cases}
$$

$\Sigma X = 0$ より　　$6kN + N_{C右} = 0$

$N_{C右} = -6kN$

$N_C = 6kN\ (\rightarrow\cdot\leftarrow)$

$\Sigma Y = 0$ より　　$2\sqrt{3}kN - Q_{C右} = 0$

$Q_{C右} = 2\sqrt{3}kN$

$Q_C = 2\sqrt{3}kN\ (\uparrow\cdot\downarrow)$

$\Sigma M_C = 0$ より　　$2\sqrt{3}kN \times 2,000mm - M_{C右} = 0$

$M_{C右} = 4\sqrt{3} \times 10^3\,kN{\cdot}mm$

$M_C = 4\sqrt{3} \times 10^3\,kN{\cdot}mm\ (\circlearrowright\cdot\circlearrowleft)$

問題文では、C 点に生じる応力度 σ、τ、σ_b を「N/mm²」の単位で答えることが求められている。しかしながら、上で求めた答えは単位が「N」ではなく「kN」であるため、単位を読み替える必要がある。

「$x kN = x \times 10^3 N$」「$x m = x \times 10^3 mm$」より

$N_C = 6\ kN\ (\rightarrow\cdot\leftarrow)$

　　$= \underline{6 \times 10^3\,N}\ (\rightarrow\cdot\leftarrow)$

$Q_C = 2\sqrt{3}\ kN\ (\uparrow\cdot\downarrow)$

　　$= \underline{2\sqrt{3} \times 10^3\,N}\ (\uparrow\cdot\downarrow)$

$M_C = 4\sqrt{3} \times 10^3\,kN{\cdot}mm\ (\circlearrowright\cdot\circlearrowleft)$

　　$= 4\sqrt{3} \times 10^3 \times 10^3\,N{\cdot}mm\ (\circlearrowright\cdot\circlearrowleft)$

　　$= \underline{4\sqrt{3} \times 10^6\,N{\cdot}mm}\ (\circlearrowright\cdot\circlearrowleft)$

公式

$1kN = 1,000N$

　　$= 1 \times 10^3 N$

$1m = 1,000mm$

　　$= 1 \times 10^3 mm$

$1kN{\cdot}m = 1,000,000N{\cdot}mm$

　　$= 1 \times 10^6 N{\cdot}mm$

公式により、断面積 A および断面係数 Zx を求める。

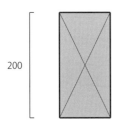

200

100　　　（単位は mm）

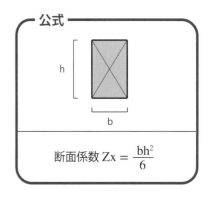

公式

断面係数 $Zx = \dfrac{bh^2}{6}$

断面積　　$A = 100mm \times 200mm$

$= 20,000\ mm^2$

$= \underline{20 \times 10^3\ mm^2}$

断面係数　$Zx = \dfrac{bh^2}{6}$

$= \dfrac{100 \times 200^2}{6}\ mm^3$

$= \underline{\dfrac{10^6}{3}\ mm^3}$

応力度

応力度の公式により、垂直応力度 σ、最大せん断応力度 τ および最外縁の曲げ応力度 σb を求める。

垂直応力度　　$\sigma = \dfrac{N_C}{A}$

$= \dfrac{6 \times 10^3\ N}{20 \times 10^3\ mm^2}$

$_{答} = \underline{0.3\ N/mm^2}$

C 点に生じる最大せん断応力度

せん断応力度　$\tau = 1.5 \times \dfrac{Q_C}{A}$

$= 1.5 \times \dfrac{2\sqrt{3} \times 10^3\ N}{20 \times 10^3\ mm^2}$

$_{答} = \underline{0.15\sqrt{3}N/mm^2}$

C 点に生じる最外縁の曲げ応力度

曲げ応力度　　$\sigma_b = \dfrac{M_C}{Zx}$

$= \dfrac{4\sqrt{3} \times 10^6 N\cdot mm}{\dfrac{10^6}{3}\ mm^3}$

$_{答} = \underline{12\sqrt{3}N/mm^2}$

問題文で求められている「C 点の最大せん断応力度」とは、C 点における**中立軸**のせん断応力度 τ を意味する。

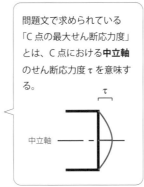

中立軸

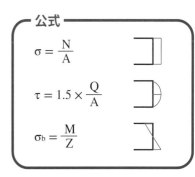

公式

$\sigma = \dfrac{N}{A}$

$\tau = 1.5 \times \dfrac{Q}{A}$

$\sigma_b = \dfrac{M}{Z}$

「**最外縁**の曲げ応力度 σb」

最外縁

最外縁

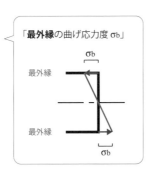

図のような荷重が作用する単純梁において、C 点に生じる垂直応力度 σ (N/mm²)、最大せん断応力度 τ (N/mm²) および最外縁の曲げ応力度 σb (N/mm²) を求めよ。ただし、部材の断面は一様とし、自重は無視するものとする。

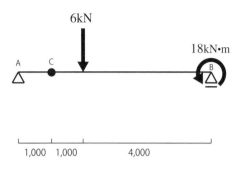

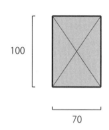

（単位は mm）

図のような荷重が作用する単純梁 A および単純梁 B において、CA 点、CB 点に生じる最大曲げ応力度をそれぞれ σA、σB としたとき、それらの比 σA：σB を求めよ。ただし、単純梁に用いる部材はいずれも同じ材料とし、自重は無視するものとする。

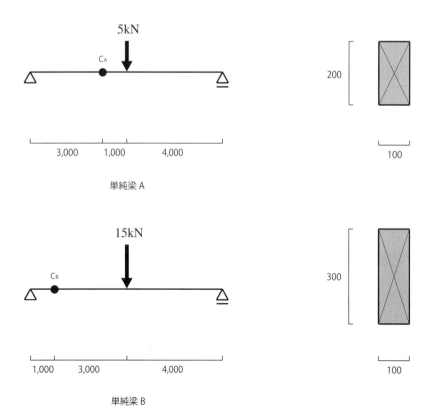

単純梁 A

単純梁 B

（単位は mm）

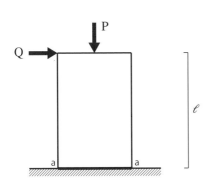

[組み合わせ応力度]

左図のような柱に鉛直荷重 P および水平荷重 Q が作用した場合、底部 a~a には、垂直応力度 σ、せん断応力度 τ および曲げ応力度 σ_b が生じる。そのうち、垂直応力度 σ および曲げ応力度 σ_b はいずれも部材方向に働くため、「❶ 垂直応力度 σ」と「❷ 曲げ応力度 σ_b」を加算した「❸ 組み合わせ応力度」を考慮する必要がある。

なお、組み合わせ応力度の計算では、**引張方向に働く応力度を「＋」、圧縮方向に働く応力度を「−」として加算**するものとする。

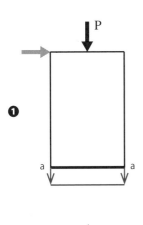

❶ 垂直応力度 σ

鉛直荷重 P によって底部 a~a には軸方向力 N が作用し、垂直応力度 $\sigma = \dfrac{N}{A}$ が圧縮方向（−方向）に一様に分布する。

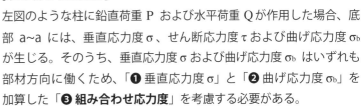

❷ 曲げ応力度 σ_b

底部 a~a にはモーメント $M = Q \times \ell$ が作用し、右縁に圧縮方向（−方向）、左縁に引張方向（＋方向）の曲げ応力度 $\sigma_b = \dfrac{M}{Z}$ が生じる。

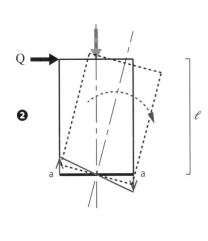

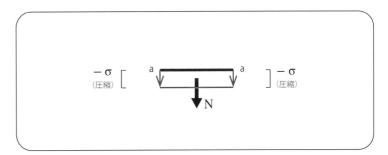

❸ 組み合わせ応力度

左縁、右縁それぞれに❶と❷を加算することで、底部 a~a に作用する組み合わせ応力度が算出できる。

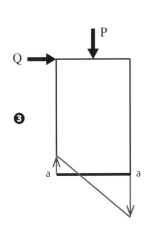

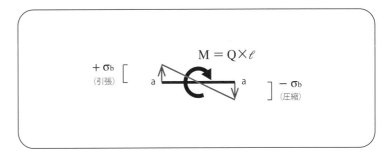

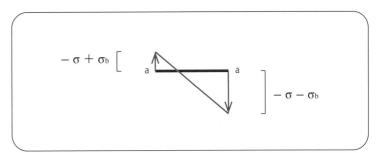

図 - 1 のような底部が固定された矩形断面材の頂部図心に鉛直荷重 P および水平荷重 Q が作用するとき、底部a~a断面の垂直応力度分布は図 - 2 のように示される。このとき、PとQの大きさをσを用いて表せ。ただし、矩形断面材は等質等断面で、自重は考慮しないものとする。

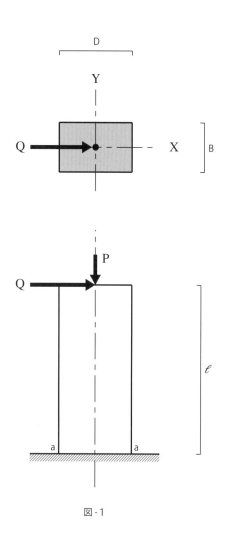

図 - 1

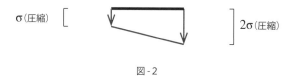

図 - 2

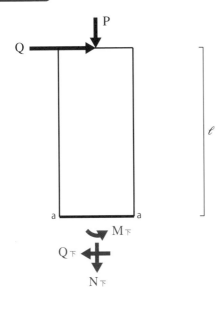

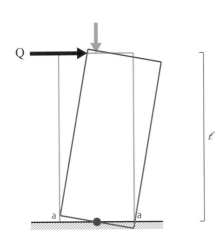

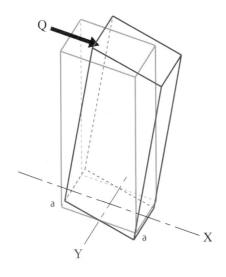

応力　　　　　　　　　　　　　　　　　参考 p.35

a~a 断面で切断した構造モデルに応力を仮定し、つり
あい条件式により軸方向応力 N、せん断応力 Q および
曲げ応力 M を求める。

$$\Sigma Y = 0 \text{ より}$$
$$- P - N_下 = 0$$
$$N_下 = -P$$
$$N = P \; (\; \updownarrow \;) \qquad \cdots ①$$

$$\Sigma M_a = 0 \text{ より}$$
$$Q \times \ell - M_下 = 0$$
$$M_下 = Q \times \ell$$
$$M = Q \times \ell \; (\; \circlearrowleft \;) \qquad \cdots ②$$

$$\Sigma X = 0 \text{ より}$$
$$Q - Q_下 = 0$$
$$Q_下 = Q \; (\; \rightleftarrows \;)$$

組み合わせ応力度の計算は、垂直応力度 σ と曲げ応力度 σb を加
算して求める。そのため、軸方向力 N と曲げモーメント M の
みが関係し、せん断力 Q は用いない。

断面の性質　　　　　　　　　　　　　　参考 p.71

公式により、断面積 A および断面係数 Z を求める。

$$\text{断面積} \quad A = B \times D \qquad \cdots ③$$

$$X \text{ 軸に関する断面係数} \quad Z_X = \frac{DB^2}{6}$$

$$Y \text{ 軸に関する断面係数} \quad Z_Y = \frac{BD^2}{6}$$

a~a 断面に生じる曲げモーメントとは、左図のように
Y 軸を中心とした回転力である。そのため、曲げ応力
度を求める際の断面係数 Z もまた、**Y 軸に関する断面
係数 Z_Y** を用いる必要があり、「$Z_Y = \dfrac{BD^2}{6}$」で計算
する。

$$\text{断面係数} \quad Z = \frac{BD^2}{6} \qquad \cdots ④$$

底部 a~a 断面には「❶ 圧縮方向に作用する垂直応力度 σ」と「❷ 左端引張・右端圧縮の方向に作用する曲げ応力度 σb」が作用しており、それらを加算したものが図 - 2 に示された応力度分布になっている。そこで、a~a 断面の左縁および右縁それぞれに応力度を組み合わせ、下記の関係式を求める。なお、**引張を「＋」、圧縮を「−」として加算する。**

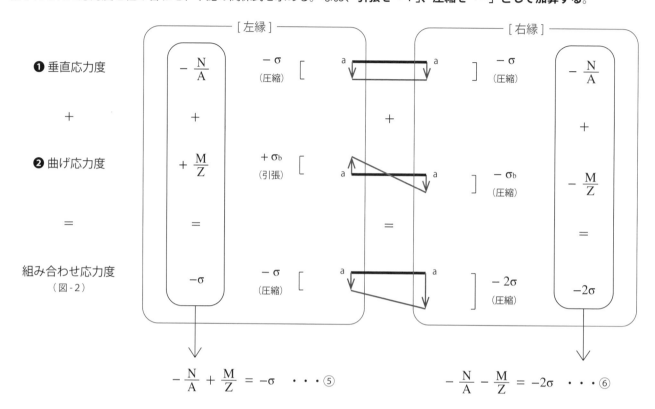

$$-\frac{N}{A}+\frac{M}{Z}=-\sigma \quad \cdots ⑤$$

$$-\frac{N}{A}-\frac{M}{Z}=-2\sigma \quad \cdots ⑥$$

⑤、⑥を連立方程式として計算する。

$$[⑤+⑥] \quad -\frac{N}{A}+\frac{M}{Z}+\left(-\frac{N}{A}-\frac{M}{Z}\right)=-\sigma+(-2\sigma)$$

$$-2\times\frac{N}{A}=-3\sigma \quad \cdots ⑦$$

$$[⑤-⑥] \quad -\frac{N}{A}+\frac{M}{Z}-\left(-\frac{N}{A}-\frac{M}{Z}\right)=-\sigma-(-2\sigma)$$

$$2\times\frac{M}{Z}=\sigma \quad \cdots ⑧$$

⑦および①（N＝P）、③（A＝B×D）より

$$-2\times\frac{P}{BD}=-3\sigma \quad \Rightarrow \quad 答\ \underline{P=\frac{3\sigma BD}{2}}$$

⑧および②（M＝Q×ℓ）、④（$Z=\frac{BD^2}{6}$）より

$$2\times\frac{Q\times\ell}{\frac{BD^2}{6}}=\sigma \quad \Rightarrow \quad 2Q\ell\times\frac{6}{BD^2}=\sigma$$

$$答\ \underline{Q=\frac{\sigma BD^2}{12\ell}}$$

Y 軸を中心とした回転力が作用するため、Z_Y を用いる。

練習 6-3（解答 p.198）

図 - 1 のような荷重が作用する単純梁に図 - 2 に示すような長方形断面の部材を用いた場合、C 点の断面上端に生じる圧縮縁応力度 σ_c の値と、断面下端に生じる引張縁応力度 σ_t の値を求めよ。ただし、部材の断面形状は一様で、荷重による部材の変形および自重は無視するものとする。

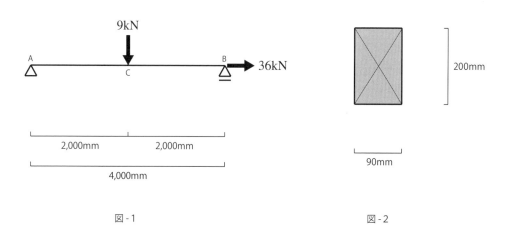

図 - 1

図 - 2

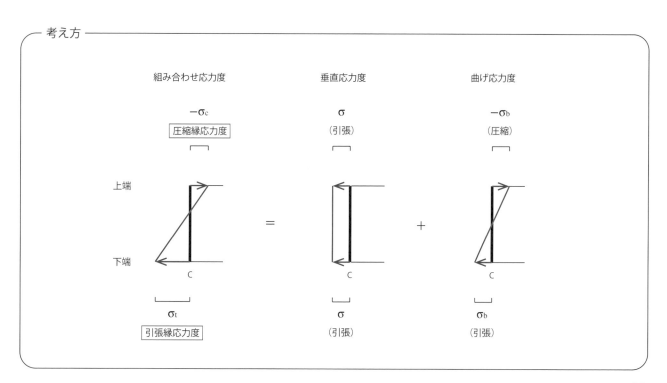

考え方

第7章
変形

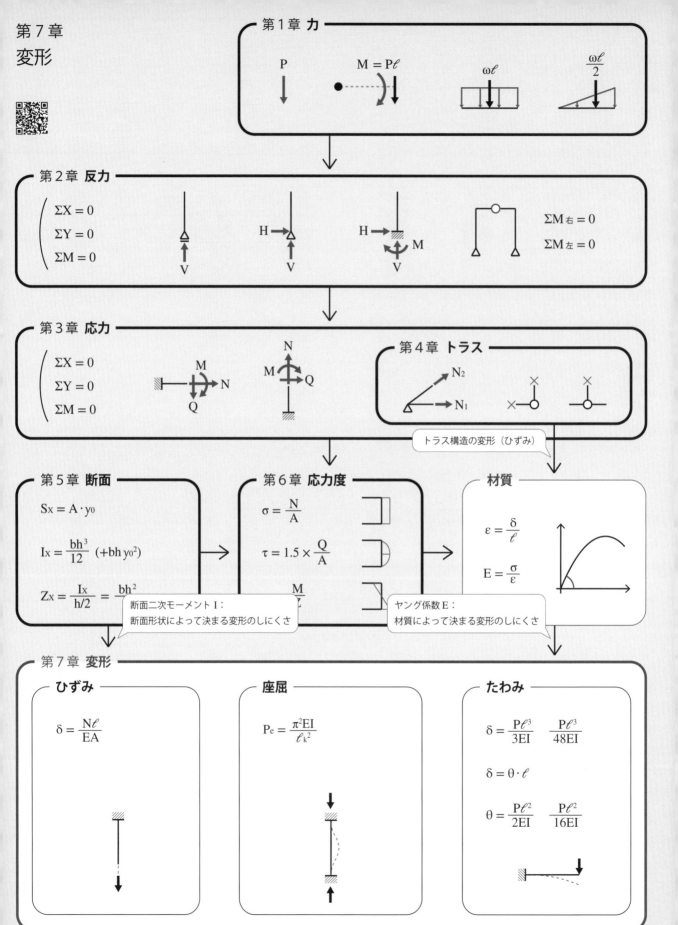

第1章 力

P

$M = P\ell$

$\omega\ell$

$\dfrac{\omega\ell}{2}$

第2章 反力

$\begin{cases} \Sigma X = 0 \\ \Sigma Y = 0 \\ \Sigma M = 0 \end{cases}$

H V

H V M

$\Sigma M_右 = 0$

$\Sigma M_左 = 0$

第3章 応力

$\begin{cases} \Sigma X = 0 \\ \Sigma Y = 0 \\ \Sigma M = 0 \end{cases}$

M N Q

N M Q

第4章 トラス

N_2

N_1

トラス構造の変形（ひずみ）

第5章 断面

$S_x = A \cdot y_0$

$I_x = \dfrac{bh^3}{12} \ (+bh\,y_0{}^2)$

$Z_x = \dfrac{I_x}{h/2} = \dfrac{bh^2}{}$

断面二次モーメント I ：
断面形状によって決まる変形のしにくさ

第6章 応力度

$\sigma = \dfrac{N}{A}$

$\tau = 1.5 \times \dfrac{Q}{A}$

$\dfrac{M}{}$

材質

$\varepsilon = \dfrac{\delta}{\ell}$

$E = \dfrac{\sigma}{\varepsilon}$

ヤング係数 E ：
材質によって決まる変形のしにくさ

第7章 変形

ひずみ

$\delta = \dfrac{N\ell}{EA}$

座屈

$P_e = \dfrac{\pi^2 EI}{\ell_k{}^2}$

たわみ

$\delta = \dfrac{P\ell^3}{3EI} \quad \dfrac{P\ell^3}{48EI}$

$\delta = \theta \cdot \ell$

$\theta = \dfrac{P\ell^2}{2EI} \quad \dfrac{P\ell^2}{16EI}$

部材に力が作用すると、部材には加力方向に応じた変形が生じる。ここでは、軸方向（部材方向）に引張や圧縮が作用したときの ① **ひずみ**（伸縮）、細長い部材に圧縮力が作用したときの ② **座屈**、部材に直交する向きに力が作用したときの ③ **たわみ**を考える。

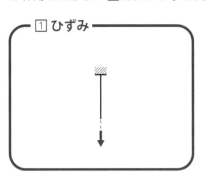

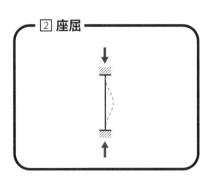

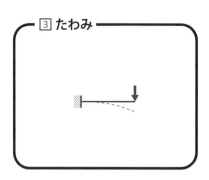

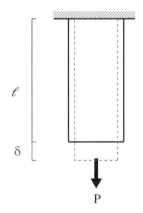

① ひずみ

[ひずみ度 ε]

部材に軸方向力（引張・圧縮）が作用すると、部材には荷重に応じたひずみ（伸縮）が生じる。このとき、伸縮した変位量 δ と元の長さ ℓ の比をひずみ度 ε といい、下式で表される。

$$ひずみ度 \varepsilon = \frac{\delta}{\ell}$$

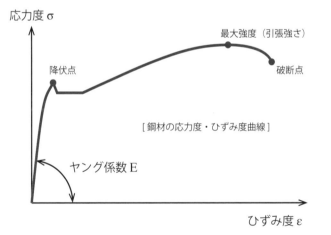

[ヤング係数 E]

荷重に対する変形のしにくさは材質によって異なり、ヤング係数 E の値で表される。例えば鋼材では、応力度とひずみ度は左図のような関係であり、このときの比例定数（左図に示す傾き）がヤング係数 E である。なお、ヤング係数 E は応力度 σ とひずみ度 ε の比であることから、下式で表される。

$$ヤング係数 E = \frac{\sigma}{\varepsilon}$$

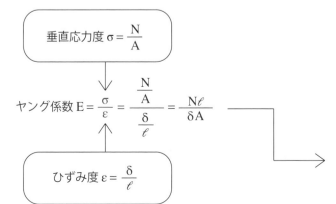

[変位量 δ]

ヤング係数 E の公式に、垂直応力度 σ の公式とひずみ度 ε の公式を代入することで、軸方向の変位量（ひずみ）δ の公式が導かれる。

$$ひずみ \delta = \frac{N\ell}{EA}$$

基本問題　No.29

図のような断面積が一定で長さが 2ℓ である棒の中央部 B 点に、軸方向力 P が作用している。このとき、棒の下端に生じる軸方向（部材方向）の変位量 δ_C を求めよ。ただし、棒の断面積を A、ヤング係数を E とし、自重は無視するものとする。

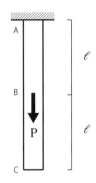

部材のひずみ（伸縮）は右記の公式により求められる。なお、この部材では [AB 間] と [BC 間] で軸方向力の大きさが異なるため、[AB 間] のひずみ δ_{AB} と [BC 間] のひずみ δ_{BC} をそれぞれ求め、加算することで部材全体の変位量 δ_C を算出する。

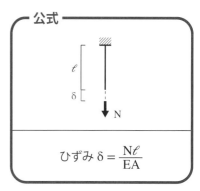

公式

$$ひずみ\ \delta = \frac{N\ell}{EA}$$

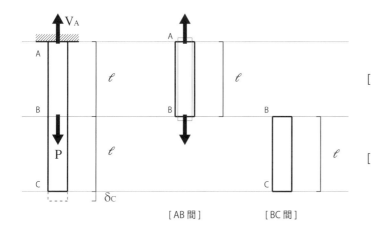

[AB 間]

[BC 間]

[AB 間] のひずみ δ_{AB}

$+$

[BC 間] のひずみ δ_{BC}

$\longrightarrow$ C 点の変位量 δ_C

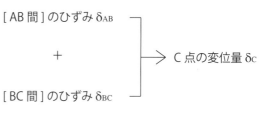

応力　　　　　　　　　　　　　　　　　　　　　　　　　　　　参考 p.35

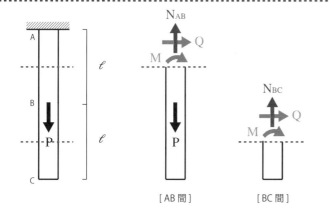

[AB 間]　[BC 間]

[AB 間]

$\Sigma Y = 0$ より

$$N_{AB} - P = 0$$

$$N_{AB} = P \qquad \cdots ①$$

[BC 間]

$\Sigma Y = 0$ より

$$N_{BC} = 0 \qquad \cdots ②$$

ひずみ

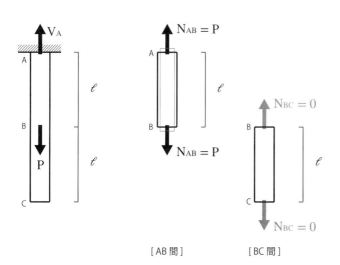

[AB 間]　[BC 間]

ひずみの公式および①、②より

[AB 間]

$$\delta_{AB} = \frac{N_{AB} \times \ell}{EA} = \frac{P\ell}{EA} \quad \cdots ③$$

[BC 間]

$$\delta_{BC} = \frac{N_{BC} \times \ell}{EA} = 0 \qquad \cdots ④$$

「$\delta_C = \delta_{AB} + \delta_{BC}$」および③、④より

$$\delta_C = \frac{P\ell}{EA} + 0$$

$$_{答} = \frac{P\ell}{EA}$$

基本問題　No.30

図のような平行弦トラスにおいて、荷重によって生じる B 点の水平方向 (横方向) の変位 δ_B を求めよ。ただし、それぞれの部材は等質等断面とし、断面積を A、ヤング係数を E とする。また、自重による影響はないものとする。

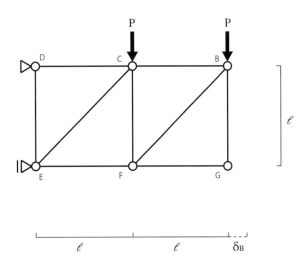

94

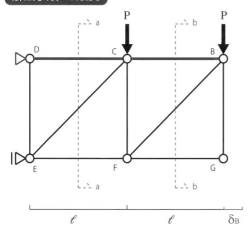

D 点は回転支点によって壁と接合されているため、水平方向に動くことはできない。そのため、B 点の水平方向（横方向）の変位 δ_B は、上弦材である DC 材と CB 材に生じるひずみ（伸縮）の合計とみなすことができる。そこで、DC 材、CB 材の軸方向力を求め、それぞれのひずみを算出することで、B 点の水平変位 δ_B を算出する。

> トラス構造の応力　　　　　　　　　　　　参考 p.55

左下図のように a~a 位置で骨組みを切断し、モーメントのつり合い条件式「$\Sigma M = 0$」を用いることで、DC 材の軸方向力 N_{DC} を求める。

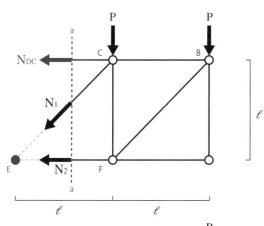

> 切断した部材それぞれに応力を仮定する。変数が 3 つある場合には、求める必要のない N_1 と N_2 の作用線が交差する場所（E 点）を基点として、モーメントのつり合い条件「$\Sigma M_E = 0$」を用いた計算を行う（参照：p.19、57）。

$\Sigma M_E = 0$ より

$\quad -N_{DC} \times \ell + P \times \ell + P \times 2\ell = 0$

$\quad N_{DC} = 3P \qquad\qquad\qquad \cdots ①$

左図のように b~b 位置で骨組みを切断し、モーメントのつり合い条件式「$\Sigma M = 0$」を用いることで、CB 材の軸方向力 N_{CB} を求める。

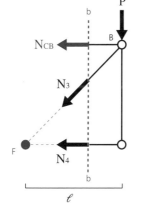

> 求める必要のない N_3 と N_4 の作用線が交差する場所（F 点）を基点として、モーメントのつり合い条件「$\Sigma M_F = 0$」を用いた計算を行う。

$\Sigma M_F = 0$ より

$\quad -N_{CB} \times \ell + P \times \ell = 0$

$\quad N_{CB} = P \qquad\qquad\qquad\qquad \cdots ②$

ひずみ

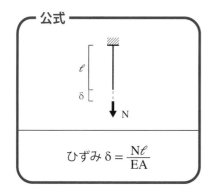

公式

ひずみ $\delta = \dfrac{N\ell}{EA}$

「$\delta_B = \delta_{DC} + \delta_{CB}$」とひずみの公式、および①、②より、B 点の水平変位 δ_B を求める。

$$\delta_B = \delta_{DC} + \delta_{CB} = \frac{N_{DC} \times \ell}{EA} + \frac{N_{CB} \times \ell}{EA}$$

$$= \frac{3P \times \ell}{EA} + \frac{P \times \ell}{EA}$$

$$\underset{\text{答}}{=} \underline{\frac{4P\ell}{EA}}$$

図のような平行弦トラスにおいて、荷重によって生じる D 点の水平方向（横方向）の変位 δ_D を求めよ。なお、それぞれの部材は等質等断面とし、断面積を A、ヤング係数を E とする。また、自重による影響はないものとする。

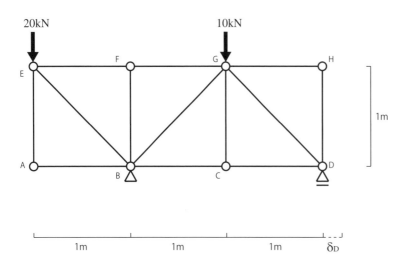

考え方

B 点は回転支点であり、水平方向に動くことはできない。そのため、D 点の水平方向（横方向）の変位 δ_D は下弦材である BC 材と CD 材に生じるひずみ（伸縮）の合計とみなすことができる。

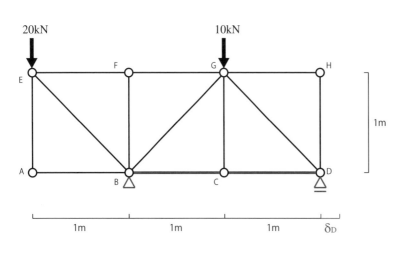

図のような鉛直荷重 P が作用するトラス A、B、C において、それぞれの移動支点における水平変位 δ_A、δ_B、δ_C の大小関係を求めよ。ただし、各部材は同質同断面とする。

> 同質：ヤング係数 E が等しい
> 同断面：断面積 A が等しい

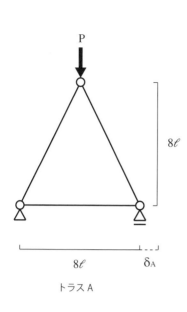

トラス A

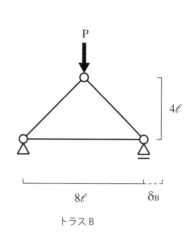

トラス B

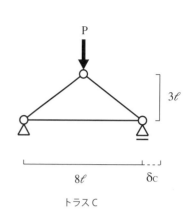

トラス C

─ 考え方 ─

水平変位 δ_A、δ_B、δ_C は各トラス構造における下弦材のひずみ（伸縮）とみなすことができる。そこで、下図のように切断した構造モデルにおいて、つり合い条件式「$\Sigma M_O = 0$」を用いることで軸方向力 N_A、N_B、N_C を算出し、水平変位の大きさを求める。

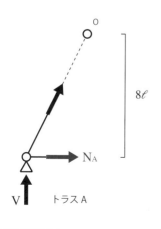

トラス A

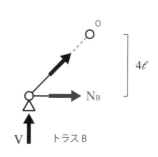

トラス B

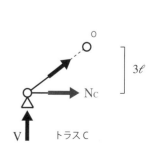

トラス C

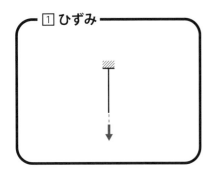

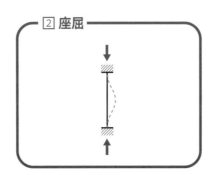

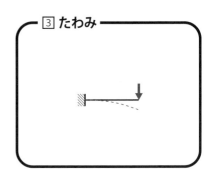

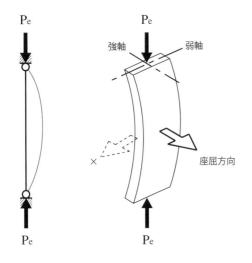

弾性座屈荷重（Pe）は、
・座屈長さ ℓ_k の2乗に**反比例する**。
・ヤング係数 E に**比例する**。
・弱軸の断面二次モーメント I に**比例する**。
・曲げ剛性 EI に**比例する**。
・材料の圧縮強度には直接**関係しない**。

② 座屈

部材に圧縮力が作用した際に、部材が横にふくらみだして湾曲する現象を座屈といい、座屈し始めるときの荷重を**弾性座屈荷重 Pe** という（Pe が大きい部材ほど座屈しにくく、逆に Pe が小さい部材ほど座屈しやすい）。

弾性座屈荷重 Pe は下記の公式により算出でき、❶ 材質によって決まる**ヤング係数 E** と❷ 断面形状によって決まる**弱軸の断面二次モーメント I**、❸ 部材の固定度によって決まる **座屈長さ ℓ_k** により求めることができる。

$$\text{弾性座屈荷重 } P_e = \frac{\pi^2 EI}{\ell_k{}^2}$$

つまり、材質が硬く（E が大きく）、部材が太い（I が大きい）ほど部材は座屈しにくく、固定度が低い（ℓ_k が大きい）ほど座屈しやすくなる。なお、ヤング係数 E と弱軸の断面二次モーメント I を乗じたものを**曲げ剛性** EI いい、部材の曲げに対する変形しにくさ（曲がりにくさ）を表す。

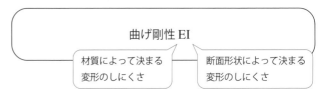

曲げ剛性 EI

| 材質によって決まる変形のしにくさ | 断面形状によって決まる変形のしにくさ |

[鋼材の応力度・ひずみ度曲線]

[ヤング係数 E]

ひずみの項目 (参照：p.91) で学習したように、荷重に対する変形のしにくさは材質によって異なり、ヤング係数 E の値で表わされる。一般に、硬く変形しにくい材質ほどヤング係数は大きく、柔らかく変形しやすい材質ほど小さくなる。

鋼材のヤング係数 E = 2.05×10^5 N/mm²
ステンレス (SUS304A) のヤング係数 E = 1.93×10^5 N/mm²

[弱軸の断面二次モーメント I]

座屈に対して抵抗が大きい（変形しにくい）軸を「強軸」、座屈が生じやすい（変形しやすい）軸を「弱軸」という。柱の座屈は必ず弱軸で生じるため、弾性座屈荷重を求める際の断面二次モーメント I には**弱軸の断面二次モーメント**を用いる必要がある。なお、弱軸の断面二次モーメントとは、X 軸の断面二次モーメント I_X と Y 軸の断面二次モーメント I_Y の小さい方の値であり、通常は長手方向の中心軸である。

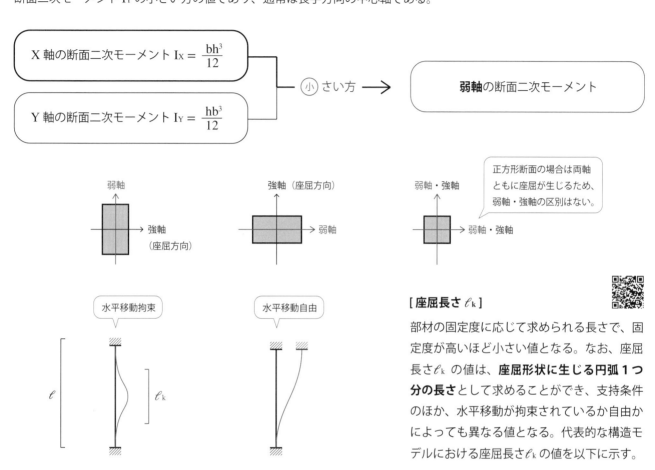

$$X \text{ 軸の断面二次モーメント } I_X = \frac{bh^3}{12}$$

$$Y \text{ 軸の断面二次モーメント } I_Y = \frac{hb^3}{12}$$

⼩さい方 → **弱軸**の断面二次モーメント

正方形断面の場合は両軸ともに座屈が生じるため、弱軸・強軸の区別はない。

弱軸　強軸（座屈方向）（座屈方向）

強軸（座屈方向）　弱軸

弱軸・強軸　弱軸・強軸

水平移動拘束　　水平移動自由

[座屈長さ ℓ_k]

部材の固定度に応じて求められる長さで、固定度が高いほど小さい値となる。なお、座屈長さ ℓ_k の値は、**座屈形状に生じる円弧 1 つ分の長さ**として求めることができ、支持条件のほか、水平移動が拘束されているか自由かによっても異なる値となる。代表的な構造モデルにおける座屈長さ ℓ_k の値を以下に示す。

支持条件	水平移動拘束			水平移動自由	
	両端ピン	両端固定	片端ピン・片端固定	両端固定	片端固定
座屈形状	ヒンジは自由に回転できる	固定端は90°を保つ			
座屈長さ ℓ_k	1.0ℓ	0.5ℓ	0.7ℓ	1.0ℓ	2.0ℓ

図のような材の長さおよび材端の支持条件が異なる柱 A、B、C の弾性座屈荷重をそれぞれ P_A、P_B、P_C とし
たとき、それらの大小関係を求めよ。ただし、すべての柱の材質および断面形状は同じものとする。

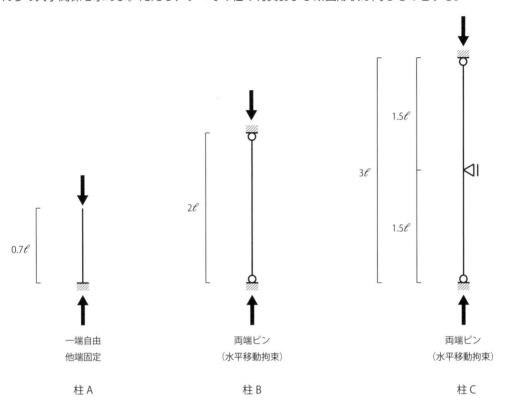

公式により柱 A、B、C の弾性座屈荷重 P$_A$、P$_B$、P$_C$ を求め、その大小関係を比較する。なお、問題文のただし書きに「**すべての柱の材質および断面形状は同じものとする**」と書かれていることから、下記の関係が成り立つ。

材質が同じ　　・・・ヤング係数 E が等しい
断面形状が同じ・・・断面二次モーメント I の値が等しい
$\pi = 3.14$　　　・・・円周率 π は固定値

つまり、弾性座屈荷重 P$_e$ の公式において、柱 A、B、C の相違点は分母のℓ_k のみであり、座屈長さℓ_k の大小関係より弾性座屈荷重 P$_e$ の大小関係を求めることができる。

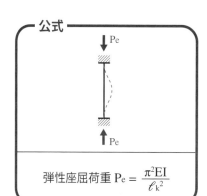

$$P_e = \frac{\pi^2 EI}{\ell_k{}^2}$$

公式
弾性座屈荷重 $P_e = \dfrac{\pi^2 EI}{\ell_k{}^2}$

座屈長さ

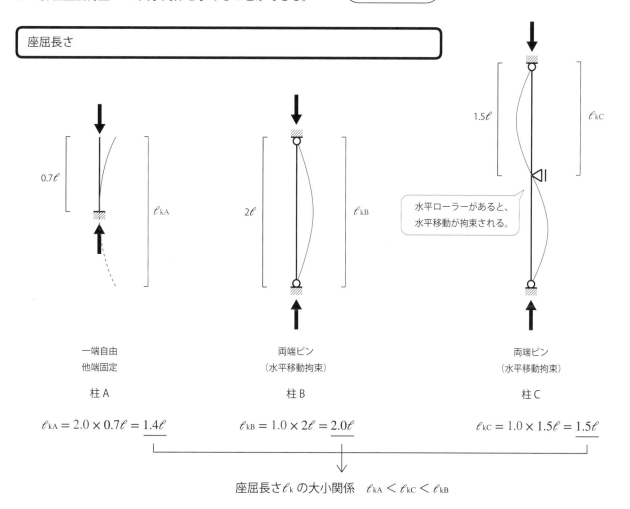

水平ローラーがあると、水平移動が拘束される。

一端自由 他端固定　柱 A

両端ピン（水平移動拘束）柱 B

両端ピン（水平移動拘束）柱 C

$\ell_{kA} = 2.0 \times 0.7\ell = \underline{1.4\ell}$　　$\ell_{kB} = 1.0 \times 2\ell = \underline{2.0\ell}$　　$\ell_{kC} = 1.0 \times 1.5\ell = \underline{1.5\ell}$

座屈長さℓ_k の大小関係　$\ell_{kA} < \ell_{kC} < \ell_{kB}$

弾性座屈荷重

弾性座屈荷重の公式において、P$_e$ は座屈長さℓ_k の 2 乗に反比例している。そのため、答えとなる弾性座屈荷重 P$_e$ の大小関係は、座屈長さℓ_k の大小関係を逆にしたものとなる。

答　弾性座屈荷重 P$_e$ の大小関係　$P_B < P_C < P_A$

図のような材端条件で同一の材質からなる柱 A、B、C に圧縮力が作用するとき、弾性座屈荷重 P_A、P_B、P_C の大小関係を求めよ。ただし、柱 A、B、C の材端の水平移動は拘束されているものとする。

柱	A	B	C
材端条件	P_A ℓ P_A 一端ピン 他端固定	P_B ℓ P_B 両端ピン	P_C ℓ P_C 両端固定
断面	Y a X 2a	Y a X a	Y 2a X a

座屈長さ

弾性座屈荷重の公式より、柱 A、B、C の弾性座屈荷重 P_A、P_B、P_C を求め、その大小関係を比較する。なお、問題文のただし書きに「**柱 A、B、C の材端の水平移動は拘束されているものとする**」と書かれていることから、座屈荷重 ℓ_k は下記のように求められる。

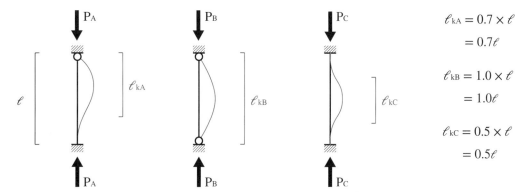

$$\ell_{kA} = 0.7 \times \ell$$
$$= 0.7\ell$$

$$\ell_{kB} = 1.0 \times \ell$$
$$= 1.0\ell$$

$$\ell_{kC} = 0.5 \times \ell$$
$$= 0.5\ell$$

弱軸の断面二次モーメント　　　　　　　　　　　　　　　　　　　　　　　　　参考 p.71、p.99

弾性座屈荷重の公式には、「弱軸の断面二次モーメント」が用いられている。弱軸とは変形を起こす軸であり、X 軸の断面二次モーメント I_X と Y 軸の断面二次モーメント I_Y の小さい方の値である。

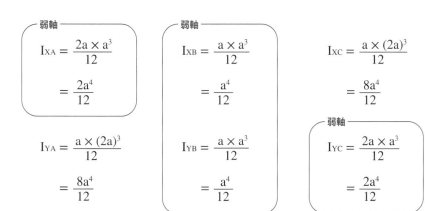

弱軸
$$I_{XA} = \frac{2a \times a^3}{12}$$
$$= \frac{2a^4}{12}$$

弱軸
$$I_{XB} = \frac{a \times a^3}{12}$$
$$= \frac{a^4}{12}$$

$$I_{XC} = \frac{a \times (2a)^3}{12}$$
$$= \frac{8a^4}{12}$$

$$I_{YA} = \frac{a \times (2a)^3}{12}$$
$$= \frac{8a^4}{12}$$

$$I_{YB} = \frac{a \times a^3}{12}$$
$$= \frac{a^4}{12}$$

弱軸
$$I_{YC} = \frac{2a \times a^3}{12}$$
$$= \frac{2a^4}{12}$$

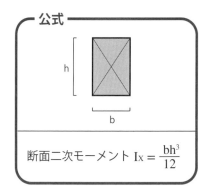

公式

$$\text{断面二次モーメント } I_X = \frac{bh^3}{12}$$

弾性座屈荷重

弾性座屈荷重 P_e の公式により、P_A、P_B、P_C の大小関係を求める。

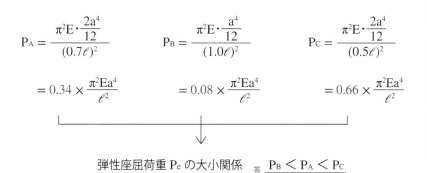

$$P_A = \frac{\pi^2 E \cdot \dfrac{2a^4}{12}}{(0.7\ell)^2}$$

$$P_B = \frac{\pi^2 E \cdot \dfrac{a^4}{12}}{(1.0\ell)^2}$$

$$P_C = \frac{\pi^2 E \cdot \dfrac{2a^4}{12}}{(0.5\ell)^2}$$

$$= 0.34 \times \frac{\pi^2 E a^4}{\ell^2}$$

$$= 0.08 \times \frac{\pi^2 E a^4}{\ell^2}$$

$$= 0.66 \times \frac{\pi^2 E a^4}{\ell^2}$$

弾性座屈荷重 P_e の大小関係　　答　$\underline{P_B < P_A < P_C}$

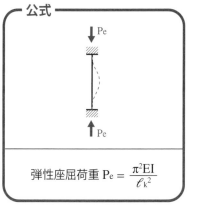

公式

$$\text{弾性座屈荷重 } P_e = \frac{\pi^2 EI}{\ell_k{}^2}$$

図のような材の長さおよび断面、材端の支持条件が異なる構造体 A、B、C の弾性座屈荷重をそれぞれ P_A、P_B、P_C としたとき、それらの大小関係を求めよ。ただし、梁は剛体であり、柱および梁の自重、柱の面外方向の座屈は無視するものとする。

変形しない物体

P_A

2h

A

P_B P_B

2h

B

P_C P_C

8h

C

Y

4a
X
8a

Y

8a
X
4a

Y

2a
4a
X
2a
a 4a a

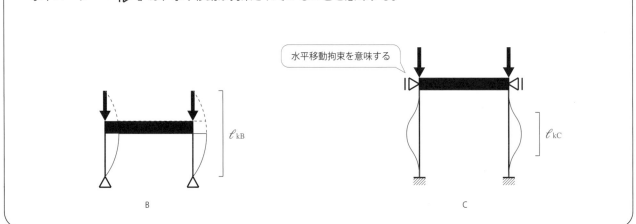

─ 考え方 ─

ラーメン構造の場合も同様に、座屈形状に生じる円弧 1 つ分の長さを座屈長さとして計算する。なお、図中の水平ローラー「 ▷ 」は、水平移動が拘束されていることを意味する。

水平移動拘束を意味する

ℓ_{kB}

B

ℓ_{kC}

C

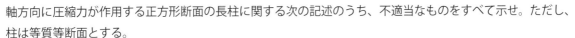

練習 7-4（解答 p.200）

軸方向に圧縮力が作用する正方形断面の長柱に関する次の記述のうち、不適当なものをすべて示せ。ただし、柱は等質等断面とする。

1. 弾性座屈荷重 P_e は、柱材のヤング係数が 2 倍になると 2 倍になる。
2. 弾性座屈荷重 P_e は、柱の長さが 1/2 倍になると 2 倍になる。
3. 弾性座屈荷重 P_e は、柱頭の水平移動を自由とした場合に比べて、水平移動を拘束した場合のほうが大きい。
4. 弾性座屈荷重 P_e は、柱の材端条件が B の場合より D の場合のほうが小さい。
5. 弾性座屈荷重 P_e は、柱の材端条件が C の場合より A の場合のほうが大きい。
6. 弾性座屈荷重 P_e は、柱の幅の 4 乗に比例する。
7. 弾性座屈荷重 P_e は、正方形断面を保ちながら柱断面積が 2 倍になると 2 倍になる。

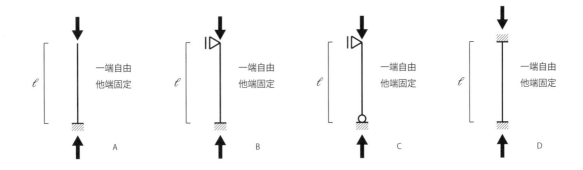

補足

梁が剛体でない場合の座屈長さは、「剛体の梁に柱が剛接合されている場合の座屈長さ」と「柱梁接合部がピンで接合されている場合の座屈長さ」の間の値として計算する。

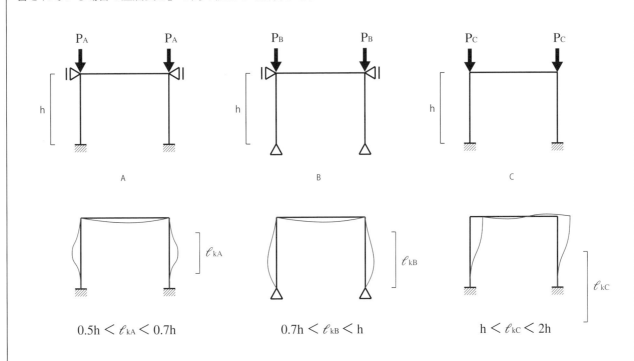

$0.5h < \ell_{kA} < 0.7h$　　　　$0.7h < \ell_{kB} < h$　　　　$h < \ell_{kC} < 2h$

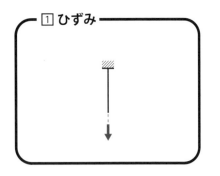

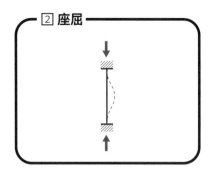

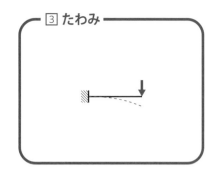

③ たわみ

梁部材に外力が作用すると、下図のように**たわみ δ** および**たわみ角 θ** が生じる。

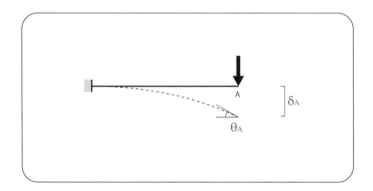

> 力学では、変位量を「δ」で表す。そのため、軸方向の変位であるひずみ（参照：p.91）とたわみは同じ記号を用いている。

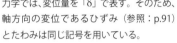

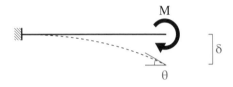

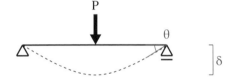

> 固定端のたわみ角は0である。

右頁に、主要な構造モデルにおける**たわみ δ** と**たわみ角 θ** の公式を示す。いずれの場合も、たわみ δ およびたわみ角 θ は材質によって決まるヤング係数 E や断面形状によって決まる断面二次モーメント I に反比例し、荷重や材長 ℓ が大きくなるほどに増加する。

［微小角］

力学では角度を θ で表すが、もともと θ とは「扇形における半径 ℓ に対する円弧 L の比 $\dfrac{L}{\ell}$」と定義され、θ に半径 ℓ を乗じることで、円弧の長さ L を算出できるものである。一方、建築における変形 δ は微小であることから、変位量 δ と円弧の長さ L は等しいものとして考え、下記のように $\delta = \theta \times \ell$ を計算に用いる。

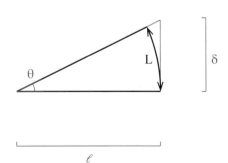

$$L = \theta \times \ell$$

$$\delta = L$$

$$\longrightarrow \quad \boxed{\delta = \theta \times \ell}$$

主要な構造モデルにおけるたわみ δ とたわみ角 θ

	荷重条件	荷重条件	荷重条件
荷重条件	(片持ち梁・集中荷重 P・先端)	(片持ち梁・モーメント M・先端)	(片持ち梁・等分布荷重 ω)
たわみ δ	$\dfrac{P\ell^3}{3EI}$	$\dfrac{M\ell^2}{2EI}$	$\dfrac{\omega\ell^4}{8EI}$
たわみ角 θ	$\dfrac{P\ell^2}{2EI}$	$\dfrac{M\ell}{EI}$	$\dfrac{\omega\ell^3}{6EI}$
荷重条件	(単純梁・集中荷重 P・中央)	(単純梁・両端モーメント M)	(単純梁・等分布荷重 ω)
たわみ δ	$\dfrac{P\ell^3}{48EI}$	$\dfrac{M\ell^2}{8EI}$	$\dfrac{5\omega\ell^4}{384EI}$
たわみ角 θ	$\dfrac{P\ell^2}{16EI}$	$\dfrac{M\ell}{2EI}$	$\dfrac{\omega\ell^3}{24EI}$
荷重条件	(両端固定・集中荷重 P・中央)	(一端固定他端ピン・モーメント M)	(両端固定・等分布荷重 ω)
たわみ δ	$\dfrac{P\ell^3}{192EI}$	$\dfrac{M\ell^2}{9\sqrt{3}EI}$	$\dfrac{\omega\ell^4}{384EI}$
たわみ角 θ	0	$\dfrac{M\ell}{3EI}$	0

図のような梁 A、B に集中荷重 P_A、P_B が作用している。梁 A、B の荷重点に生じるたわみ δ_A、δ_B の値が等しいとき、集中荷重 P_A と P_B の比を求めよ。ただし、梁 A および梁 B は等質等断面の弾性部材とする。

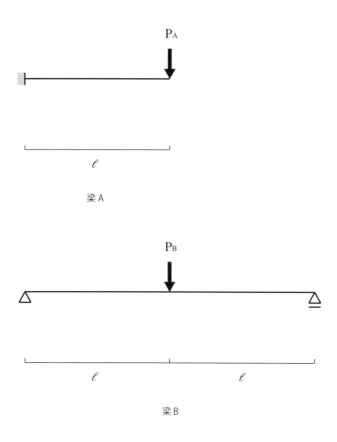

基本問題　No.34

図のような単純梁において、等分布荷重 ω (kN/m) を変えずに、スパン ℓ を 2 倍にしたとき、中央部 B 点のたわみ δ_B と A 点のたわみ角 θ_A に生じる変化を求めよ。ただし、梁の自重は無視するものとし、材料および断面は変わらないものとする。

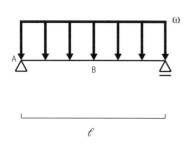

片持ち梁および単純梁におけるたわみの公式を用いて、各梁のたわみ δ_A、δ_B を求める。なお、ただし書きに「**梁 A 及び 梁 B は等質等断面の弾性部材とする**」と書かれていることから、下記の関係が成り立つ。

等質 = 柱の材質が同じ　・・・ヤング係数 E が等しい

等断面 = 断面形状が同じ・・・断面二次モーメント I の値が等しい

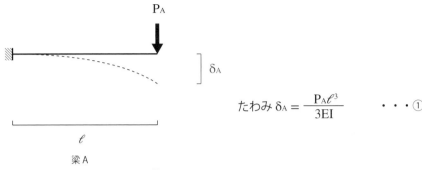

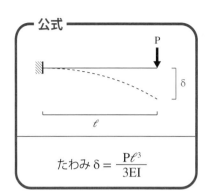

公式

$$たわみ \delta = \frac{P\ell^3}{3EI}$$

たわみ $\delta_A = \dfrac{P_A\ell^3}{3EI}$　　・・・①

梁 A

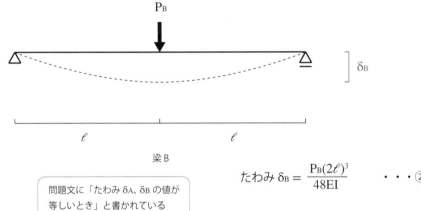

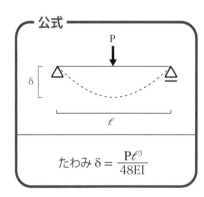

公式

$$たわみ \delta = \frac{P\ell^3}{48EI}$$

梁 B

たわみ $\delta_B = \dfrac{P_B(2\ell)^3}{48EI}$　　・・・②

> 問題文に「たわみ δ_A、δ_B の値が 等しいとき」と書かれている

「たわみ δ_A = たわみ δ_B」および①、②より

$$\frac{P_A\ell^3}{3EI} = \frac{P_B(2\ell)^3}{48EI}$$

$$\frac{P_A}{3} = \frac{8P_B}{48}$$

> 「A×b＝B×a」
> ↓
> 「A：B＝a：b」

$$2P_A = P_B \longrightarrow \quad 答 \underline{P_A : P_B = 1 : 2}$$

単純梁に等分布荷重が作用する場合のたわみ δ とたわみ角 θ の公式に 2ℓ を代入し、元の公式と比較する。

公式

$$たわみ \delta = \frac{5\omega\ell^4}{384EI} \longrightarrow \frac{5\omega(2\ell)^4}{384EI} = \frac{5\omega\ell^4}{384EI} \times 16 \longrightarrow 答 \underline{たわみは 16 倍になる}$$

$$たわみ角 \theta = \frac{\omega\ell^3}{24EI} \longrightarrow \frac{\omega(2\ell)^3}{24EI} = \frac{\omega\ell^3}{24EI} \times 8 \longrightarrow 答 \underline{たわみ角は 8 倍になる}$$

図のような片持ち梁の中間点 C に集中荷重 P が作用している場合、梁の自由端 A 点におけるたわみ δ_A を求めよ。ただし、梁は全長にわたって等質等断面であり、ヤング係数を E、断面二次モーメントを I とし、梁の質量の影響は無視できるものとする。

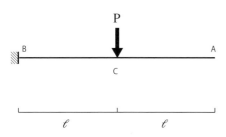

考え方

BC 間と CA 間で異なる変形が生じるため、下図のように分割してそれぞれのたわみを算出する。

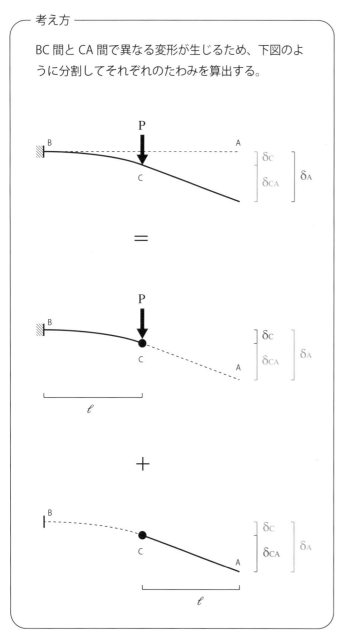

（1）BC 間のたわみ δ_C の値を、たわみの公式より求める。

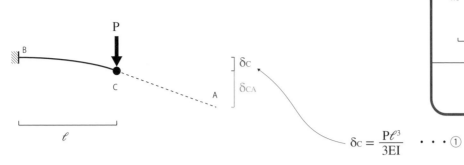

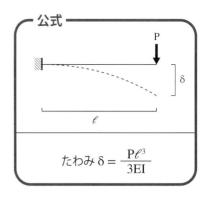

公式

たわみ $\delta = \dfrac{P\ell^3}{3EI}$

$$\delta_C = \dfrac{P\ell^3}{3EI} \quad \cdots ①$$

（2）CA 間のたわみ δ_{CA} の値を、微小角の公式により求める。ここで、微小角の計算に用いる角度 θ_{CA} は BC 間のたわみ角 θ_{CB} と等しいため、まずは BC 間のたわみ角 θ_{CB} をたわみ角の公式により求める。

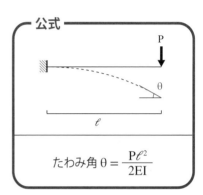

公式

たわみ角 $\theta = \dfrac{P\ell^2}{2EI}$

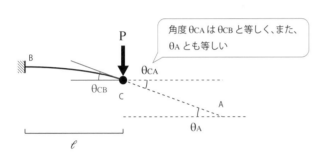

角度 θ_{CA} は θ_{CB} と等しく、また、θ_A とも等しい

$$\theta_{CB} = \dfrac{P\ell^2}{2EI} = \theta_{CA} \quad \cdots ②$$

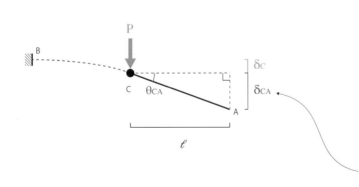

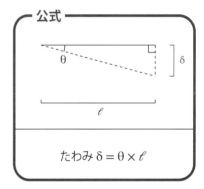

公式

たわみ $\delta = \theta \times \ell$

微小角の公式「$\delta_{CA} = \theta_{CA} \times \ell$」および②より

$$\delta_{CA} = \dfrac{P\ell^2}{2EI} \times \ell = \dfrac{P\ell^3}{2EI} \quad \cdots ③$$

（3）BC 間のたわみ δ_C と CA 間のたわみ δ_{CA} を加算し、A 点のたわみ δ_A を求める。

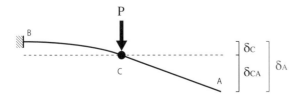

「$\delta_A = \delta_C + \delta_{CA}$」および①、③より

$$\delta_A = \dfrac{P\ell^3}{3EI} + \dfrac{P\ell^3}{2EI} \underset{答}{=} \underline{\dfrac{5P\ell^3}{6EI}}$$

図のような片持ち梁の A 点および B 点に、逆向きのモーメント荷重 M が作用しているとき、自由点 C 点の
たわみ δ_C を求めよ。ただし、梁は全長にわたって等質等断面であり、曲げ剛性は EI とする。

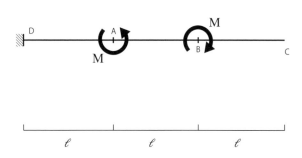

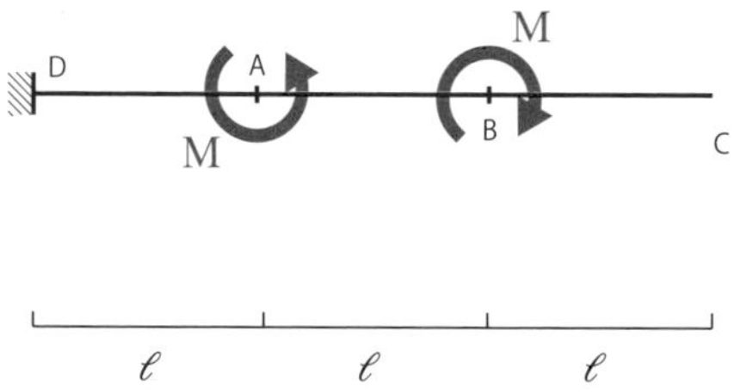

[❶ A 点のモーメント荷重によって生じるたわみ δ_{Ca}]、および [❷ B 点のモーメント荷重によって生じるたわみ δ_{Cb}] をそれぞれ計算し、最後に加算することで、2 つのモーメント荷重が同時に作用したときのたわみ δ_C を求める。

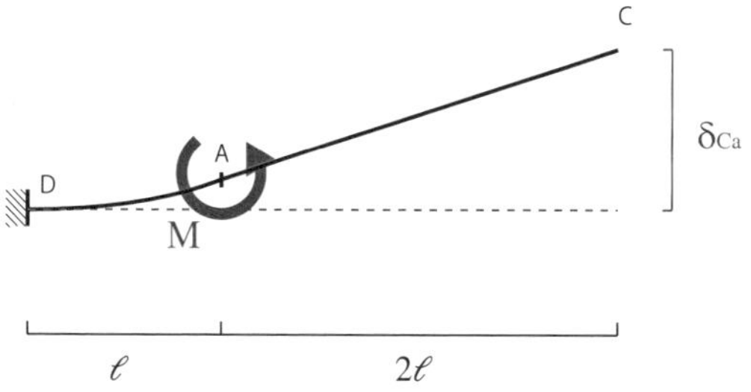

A 点のモーメント荷重のみが生じる場合の
C 点のたわみ δ_{Ca}

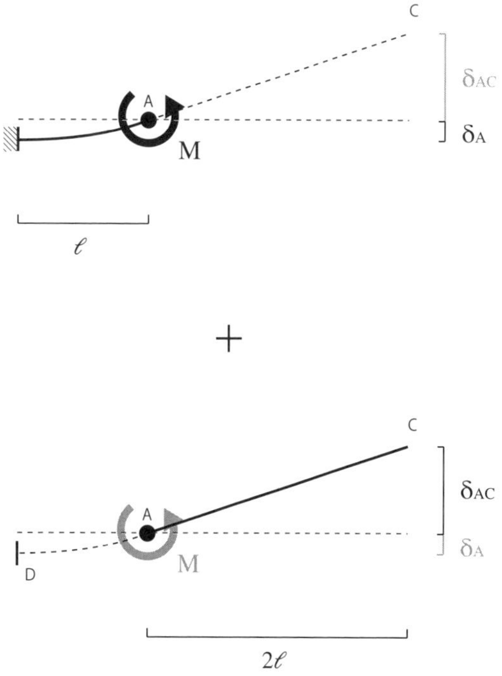

+

❶

=

+

❷

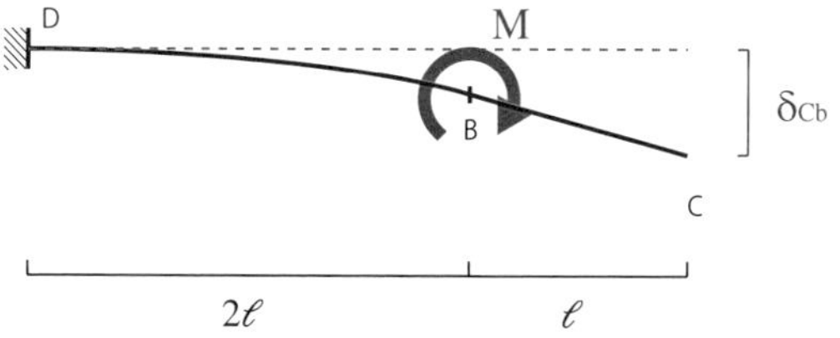

B 点のモーメント荷重のみが生じる場合の
C 点のたわみ δ_{Cb}

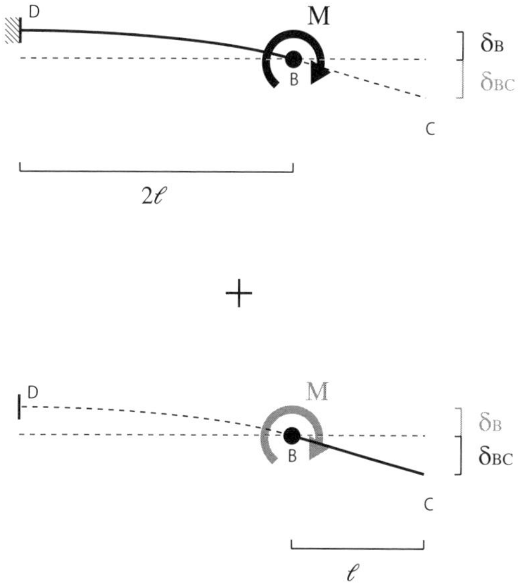

+

❶ A 点のモーメント荷重のみが生じる場合の C 点のたわみ δ_{Ca}

（1）DA 間のたわみ δ_A の値を、たわみの公式により求める。

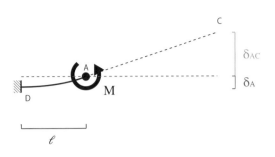

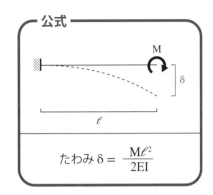

公式

たわみ $\delta = \dfrac{M\ell^2}{2EI}$

$$\delta_A = \frac{M\ell^2}{2EI} \quad \cdots ①$$

（2）AC 間のたわみ δ_{AC} の値を、微小角の公式により求める。微小角の計算に
用いる角度 θ_{AC} は DA 間のたわみ角 θ_{AD} と等しいため、まずは DA 間のた
わみ角 θ_{AD} をたわみ角の公式より求める。

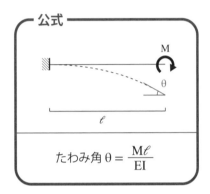

公式

たわみ角 $\theta = \dfrac{M\ell}{EI}$

$$\theta_{AD} = \frac{M\ell}{EI} = \theta_{AC} \quad \cdots ②$$

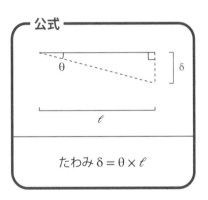

公式

たわみ $\delta = \theta \times \ell$

微小角の公式「$\delta_{AC} = \theta_{AC} \times 2\ell$」および ②より

$$\delta_{AC} = \frac{M\ell}{EI} \times 2\ell = \frac{2M\ell^2}{EI} \quad \cdots ③$$

（3）DA 間のたわみ δ_A と AC 間のたわみ δ_{AC} を加算し、C 点のたわみ δ_{Ca} を求める。

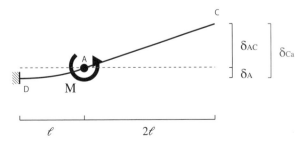

「$\delta_{Ca} = \delta_A + \delta_{AC}$」および①、③より

$$\delta_{Ca} = \frac{M\ell^2}{2EI} + \frac{2M\ell^2}{EI} = \frac{5M\ell^2}{2EI} \quad \cdots ④$$

❷ B 点のモーメント荷重のみが生じる場合の C 点のたわみ δ_{Cb}

（4）DB 間のたわみ δ_B の値を、たわみの公式により求める。

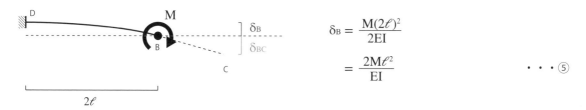

$$\delta_B = \frac{M(2\ell)^2}{2EI}$$

$$= \frac{2M\ell^2}{EI} \qquad \cdots ⑤$$

（5）BC 間のたわみ δ_{BC} の値を、微小角の公式により求める。微小角の計算に用いる角度 θ_{BC} は DB 間のたわみ角 θ_{BD} と等しいため、まずは DB 間のたわみ角 θ_{BD} をたわみ角の公式より求める。

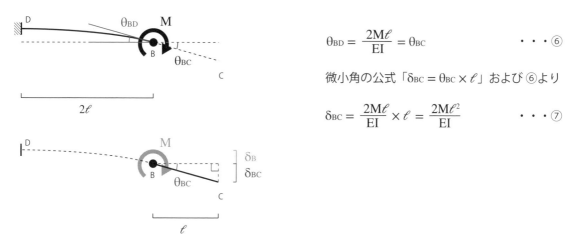

$$\theta_{BD} = \frac{2M\ell}{EI} = \theta_{BC} \qquad \cdots ⑥$$

微小角の公式「$\delta_{BC} = \theta_{BC} \times \ell$」および ⑥ より

$$\delta_{BC} = \frac{2M\ell}{EI} \times \ell = \frac{2M\ell^2}{EI} \qquad \cdots ⑦$$

（6）DB 間のたわみ δ_B と BC 間のたわみ δ_{BC} を加算し、C 点のたわみ δ_{Cb} を求める。

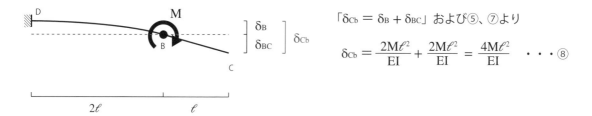

「$\delta_{Cb} = \delta_B + \delta_{BC}$」および ⑤、⑦ より

$$\delta_{Cb} = \frac{2M\ell^2}{EI} + \frac{2M\ell^2}{EI} = \frac{4M\ell^2}{EI} \qquad \cdots ⑧$$

❶ A 点のモーメント荷重のみが生じる場合の C 点のたわみ δ_{Ca} と、❷ B 点のモーメント荷重のみが生じる場合の C 点のたわみ δ_{Cb} を加算することで、答えとなる C 点のたわみ δ_C を求める。なお、たわみ δ_{Ca} が上方に変位するのに対し、たわみ δ_{Cb} は下方に変位するため、双方の差である $\delta_{Ca} - \delta_{Cb}$ を求める。

「$\delta_C = \delta_{Ca} - \delta_{Cb}$」および ④、⑧ より

$$\delta_C = \frac{5M\ell^2}{2EI} - \frac{4M\ell^2}{EI} = \underset{答}{-\frac{3M\ell^2}{2EI}}$$

算出した たわみの値が「－」であるということは、上方に変位する [❶ たわみ δ_{Ca}] より下方に変位する [❷ たわみ δ_{Cb}] の値の方が大きいことを意味する。つまり、M_A と M_B が同時に作用した場合、下方に $\frac{3M\ell^2}{2EI}$ 変位する。

図のような断面形状の単純梁 A、B、C の中央に集中荷重 P が作用したとき、それぞれの曲げによる最大たわみ δ_A、δ_B および δ_C の比を求めよ。ただし、梁 A、B、C は同一材質の弾性部材とし、自重は無視する。また、梁 B および C は重ね梁で、接触面の摩擦はないものとする。

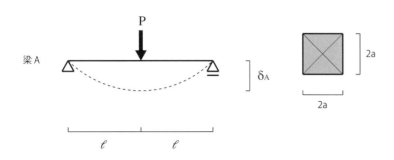

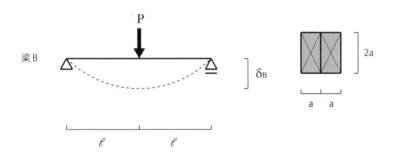

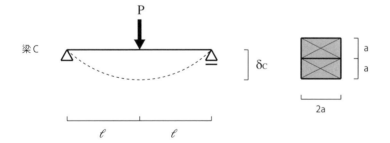

公式により、梁 A、B、C の最大たわみ δ_A、δ_B、δ_C を求め、その比を算出する。なお、材長や荷重が等しいことに加え、問題文のただし書きに「**梁 A、B、C は同一材質**」と書かれていることからヤング係数 E も等しい。したがって、梁 A、B、C のたわみに関する相違点は、公式の分母にある断面二次モーメント I のみであり、I の値を算出することで答えを求めることができる。

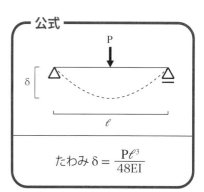

公式

$$\text{たわみ } \delta = \frac{P\ell^3}{48EI}$$

$$\text{たわみ } \delta = \frac{P\ell^3}{48EI}$$

断面二次モーメント 参考 p71

（1）　公式により、梁 A、B、C の断面二次モーメントを求める。

重ね梁の断面二次モーメント（参照：p.77）

梁 A　　　　　　　　　梁 B　　　　　　　　　梁 C

公式

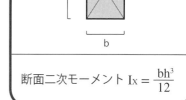

$$\text{断面二次モーメント } I_X = \frac{bh^3}{12}$$

$$I_{XA} = \frac{2a \times (2a)^3}{12}$$
・・・①

$$I_{XB} = \frac{a \times (2a)^3}{12} \times 2$$
・・・②

$$I_{XC} = \frac{2a \times a^3}{12} \times 2$$
・・・③

たわみ

（2）　単純梁におけるたわみの公式および①、②、③より

$$\text{たわみ } \delta_A = \frac{P \times (2\ell)^3}{48E \times \dfrac{2a \times (2a)^3}{12}}$$

$$\text{たわみ } \delta_B = \frac{P \times (2\ell)^3}{48E \times \dfrac{a \times (2a)^3}{12} \times 2}$$

$$\text{たわみ } \delta_C = \frac{P \times (2\ell)^3}{48E \times \dfrac{2a \times a^3}{12} \times 2}$$

$$= \frac{P\ell^3}{8Ea^4}$$

$$= \frac{P\ell^3}{8Ea^4}$$

$$= \frac{P\ell^3}{2Ea^4}$$

（3）　たわみ δ_A ：たわみ δ_B ：たわみ δ_C ＝ $\dfrac{P\ell^3}{8Ea^4}$ ： $\dfrac{P\ell^3}{8Ea^4}$ ： $\dfrac{P\ell^3}{2Ea^4}$

「たわみ $\delta = \dfrac{P\ell^3}{48EI}$」より、公式の相違点である $\dfrac{1}{I}$ の比としても同様に計算できる。

$$\delta_A : \delta_B : \delta_C = \frac{1}{I_{XA}} : \frac{1}{I_{XB}} : \frac{1}{I_{XC}}$$

＝ 答 $\underline{\quad 1 \quad : \quad 1 \quad : \quad 4 \quad}$

図のような片持ち梁 A の先端に 3kN の集中荷重を作用させたときに生じるたわみ角 θ_A と、片持ち梁 B の先端にモーメント M_B を作用させたときに生じるたわみ角 θ_B が一致するとき、モーメント M_B の値を求めよ。ただし、それぞれの梁は等質等断面の弾性部材とし、モーメントは右回りを「＋」とする。

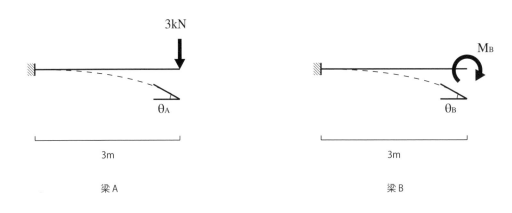

梁 A   梁 B

図のような等質等断面の片持ち梁に等分布荷重 ω と曲げモーメント M_B が同時に作用したとき、自由点 C 点のたわみは 0 であった。このときの曲げモーメント M_B の値を求めよ。

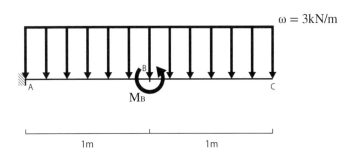

図のような断面形状の単純梁 A および B の中央に集中荷重 P が作用したとき、それぞれに曲げによる最大たわみ δ_A および δ_B が生じた。このとき、δ_A と δ_B との比を求めよ。ただし、梁 A および B は同一材質の弾性部材とし、自重は無視するものとする。また、梁 B は重ね梁で、接触面の摩擦はないものとする。

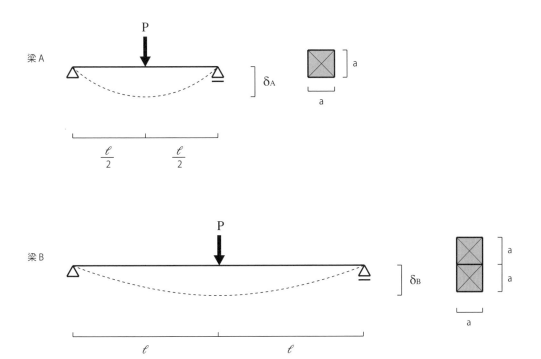

第8章
静定・不静定の判別

$$m = (n + s + r) - 2k$$

$m < 0$ ・・・ 不安定

$m = 0$ ・・・ 安定、静定

$m > 0$ ・・・ 安定、不静定

第9章 不静定の反力・応力

$$\begin{cases} \Sigma X = 0 \\ \Sigma Y = 0 \\ \Sigma M = 0 \end{cases}$$

$+$

たわみ

$$\delta = \frac{P\ell^3}{3EI}$$

$$\delta = \theta \cdot \ell$$

$$\theta = \frac{P\ell^2}{2EI}$$

or

剛度

$$EI$$

$$K = \frac{EI}{\ell}$$

$$M_a : M_b = K_a : K_b$$

or

M図

$$Q = \frac{M_a + M_b}{\ell}$$

（Qの値 = M図の傾き）

第11章 全塑性

$$M_P = T \times j = C \times j$$

$$\sigma_y = \frac{M_P}{Z_P}$$

$$Z_P = \frac{bh^2}{4}$$

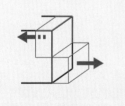

第10章 地震応答

水平剛性

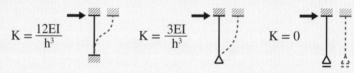

$$K = \frac{12EI}{h^3}$$

$$K = \frac{3EI}{h^3}$$

$$K = 0$$

負担せん断力

$$Q = K \cdot \delta$$

$$\left(K = \frac{Q}{\delta} \right)$$

振動

$$T = 2\pi\sqrt{\frac{m}{K}}$$

$$Q = m \cdot S_a$$

第12章 崩壊

$$\Sigma P_u \cdot \delta = \Sigma M_P \cdot \theta$$

$$Q = \frac{M_a + M_b}{\ell}$$

$$\delta = \theta \cdot \ell$$

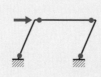

（複数項目融合）

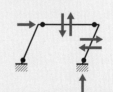

[静定・不静定の判別]

構造体に荷重が作用したとしても静止している状態を「安定」、変形・移動してしまう状態を「不安定」という。
また、安定は固定度によって「静定」と「不静定」にも大別され、不静定はさらに次数によっても分けられる。

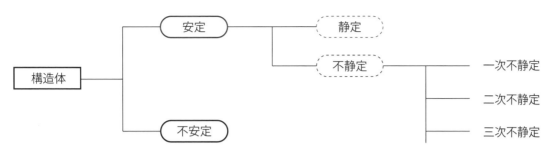

下図❶の構造体は両端が移動支点であるため、水平荷重が作用すると水平方向に移動してしまう（不安定である）。ただし、
❷のようにいずれかの支点を回転支点にすると静止（安定）し、この状態を「静定」という。つまり、必要最低限の状態で
安定している状態が「静定」であり、❸、❹、❺のように静定よりも固定度が高いものを「不静定」という。なお、下図の
ように固定度が高いほど（反力数を増やすほど）、不静定の次数は増加していく。

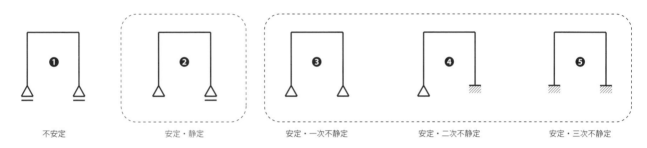

❶	❷	❸	❹	❺
不安定	安定・静定	安定・一次不静定	安定・二次不静定	安定・三次不静定

安定・不安定および静定・不静定、不静定次数は、次式により判別される。

$$m = (n + s + r) - 2k$$

    n ： 反力数（支点反力の数の総和）

    s ： 部材数

    r ： 剛節接合部材数

    （各節点に集まる部材のうち、剛接合された部材の数から、1引いた数の合計）

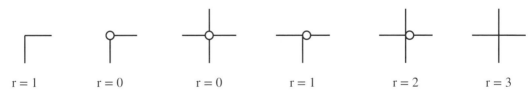

r = 1	r = 0	r = 0	r = 1	r = 2	r = 3

    k ： 節点数（自由端、支点、節点の合計）

m の値によって、安定・不安定および静定・不静定、不静定次数は次のように示される。

m ＜ 0　　不安定

m ＝ 0　　安定、静定

m ＞ 0　　安定、不静定（m は不静定次数）

基本問題　No.38

図に示す不安定な構造体がどのように崩壊するかを示せ。

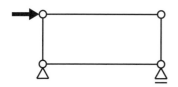 

基本問題　No.39

図に示す構造体の安定・不安定、静定・不静定を判別し、不静定構造物については、不静定次数を求めよ。

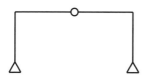 

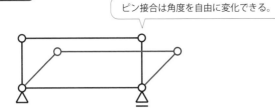
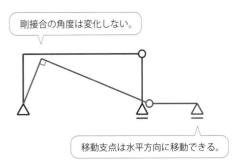

ピン接合は角度を自由に変化できる。

剛接合の角度は変化しない。

移動支点は水平方向に移動できる。

解法手順　No.39

「 m ＝(n + s + r) − 2k 」の判定式を用いて安定・不安定および静定・不静定を判別する。

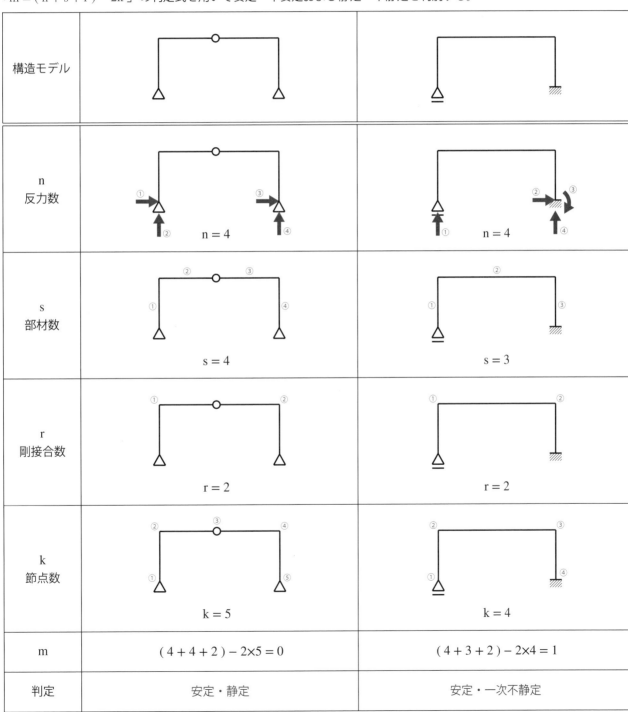

構造モデル		
n 反力数	n = 4	n = 4
s 部材数	s = 4	s = 3
r 剛接合数	r = 2	r = 2
k 節点数	k = 5	k = 4
m	(4 + 4 + 2) − 2×5 = 0	(4 + 3 + 2) − 2×4 = 1
判定	安定・静定	安定・一次不静定

図に示す不安定な構造体がどのように崩壊するかを示せ。

（1）

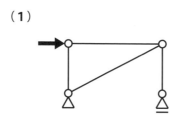

（2）

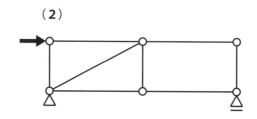

補足

― 構造体 ❶ ―

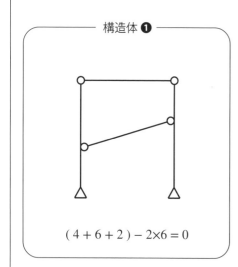

$(4+6+2)-2\times6=0$

― 構造体 ❷ ―

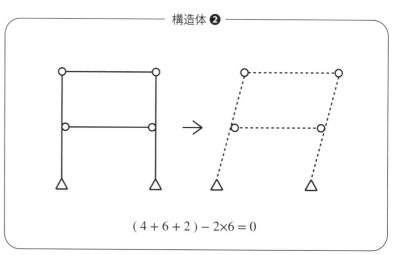

$(4+6+2)-2\times6=0$

「m＝(n＋s＋r)－2k」を用いた判別は、実際と異なる場合もあるため注意が必要である。上記の構造体 ❶、❷は
いずれも判別式が 0 になるものの、構造体 ❶は安定し、構造体 ❷は図のように変形する（不安定である）。

図に示す構造体の安定・不安定、静定・不静定を判別し、不静定構造物については、不静定次数を求めよ。

（1）

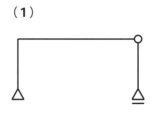

（2）

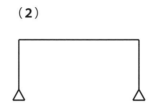

（3）

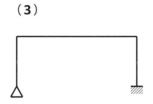

第9章
不静定の反力・応力

第8章 静定・不静定の判別

$$m = (n + s + r) - 2k$$

$m < 0$ ・・・ 不安定

$m = 0$ ・・・ 安定、静定

$m > 0$ ・・・ 安定、不静定

不静定の場合

第9章 不静定の反力・応力

たわみ

$$\delta = \frac{P\ell^3}{3EI}$$

$$\delta = \theta \cdot \ell$$

$$\theta = \frac{P\ell^2}{2EI}$$

$$\begin{cases} \Sigma X = 0 \\ \Sigma Y = 0 \\ \Sigma M = 0 \end{cases} \quad +$$

or

剛度

$$EI$$

$$K = \frac{EI}{\ell}$$

$$M_a : M_b = K_a : K_b$$

or

M 図

$$Q = \frac{M_a + M_b}{\ell}$$

（Q の値 = M 図の傾き）

第11章 全塑性

$$M_P = T \times j = C \times j$$

$$\sigma_y = \frac{M_P}{Z_P}$$

$$Z_P = \frac{bh^2}{4}$$

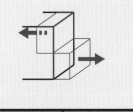

第10章 地震応答

水平剛性

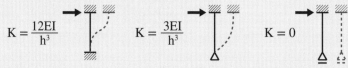

$$K = \frac{12EI}{h^3}$$

$$K = \frac{3EI}{h^3}$$

$$K = 0$$

負担せん断力

$$Q = K \cdot \delta$$

$$\left(K = \frac{Q}{\delta} \right)$$

振動

$$T = 2\pi\sqrt{\frac{m}{K}}$$

$$Q = m \cdot S_a$$

第12章 崩壊

$$\Sigma P_u \cdot \delta = \Sigma M_P \cdot \theta$$

$$Q = \frac{M_a + M_b}{\ell}$$

$$\delta = \theta \cdot \ell$$

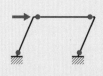

（複数項目融合）

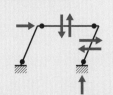

第 1 部・静定で学習したように、静定の構造物における反力・応力はつり合い条件式を用いて算出する。一方、不静定の場合は変数である反力の数が多いことから、つり合い条件式だけでは答えを導き出すことはできない。そこで、つり合い条件式に加え、①**たわみ** もしくは②**剛度**、③**モーメント図（M図）**のいずれかを用いて算出することになる。

① 「つり合い条件式」と「**たわみ**」を用いる解き方

$$\begin{cases} \Sigma X = 0 \\ \Sigma Y = 0 \\ \Sigma M = 0 \end{cases}$$

$+$

①たわみ　or　②剛度　or　③M図

「つり合い条件式」と「たわみ」を用いて解く方法には、下図に示した ❶ **部材ごとのたわみを考える** 手法と、❷ **荷重ごとのたわみを考える** 手法の 2 つがあり、それぞれ下記の関係を用いて答えを導き出す。

解法	❶ 部材ごとのたわみを考える	❷ 荷重ごとのたわみを考える
構造モデル		
分割方法		
関係性	$\delta_a = \delta_b$ 、 $P_a + P_b = P$	$\delta_a - \delta_b = 0$

❶ 部材ごとのたわみを考える。

・元々の構造モデルは 2 つの部材がヒンジによって接続されている。そのため、部材ごとに分割して算出する際にも、それぞれのヒンジ部分は同じだけ変位するものとして計算する。　・・・　$\delta_a = \delta_b$

・節点に作用する荷重 P を、「左側の部材を変形させる荷重 P_a」と「右側の部材を変形させる荷重 P_b」に分割している。そのため、P_a と P_b を加算した値は、元の荷重の P に等しい。　・・・　$P_a + P_b = P$

❷ 荷重ごとのたわみを考える。

・元々の構造モデルの左端は支点で支えられており、鉛直方向には変位しない。そのため、荷重ごとの変位（たわみ）を算出し、それらを加算した値は 0 となる。　・・・　$\delta_a - \delta_b = 0$

基本問題　No.40

図のような梁に集中荷重 6kN が作用しているとき、材端 A および C に生じる鉛直反力 V_A、V_C を求めよ。

なお、梁部材の曲げ剛性は EI、4EI とする。

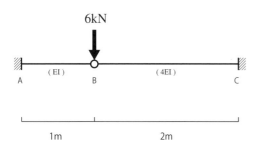

考え方　参照：p.127 ❶

[部材ごとのたわみを考える]

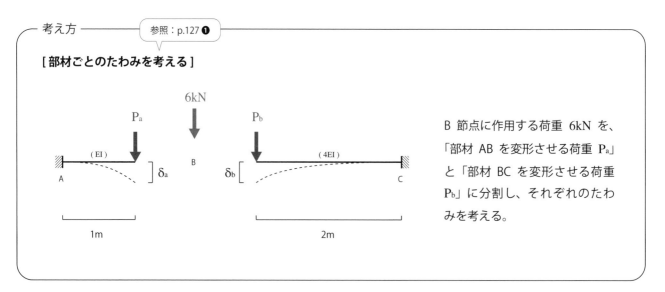

B 節点に作用する荷重 6kN を、「部材 AB を変形させる荷重 P_a」と「部材 BC を変形させる荷重 P_b」に分割し、それぞれのたわみを考える。

たわみの公式により、各部材のたわみ δ_a、δ_b を求める。

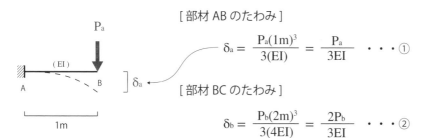

[部材 AB のたわみ]

$$\delta_a = \frac{P_a(1m)^3}{3(EI)} = \frac{P_a}{3EI} \quad \cdots ①$$

[部材 BC のたわみ]

$$\delta_b = \frac{P_b(2m)^3}{3(4EI)} = \frac{2P_b}{3EI} \quad \cdots ②$$

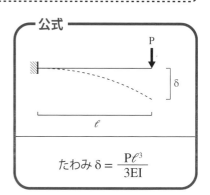

公式

$$\text{たわみ } \delta = \frac{P\ell^3}{3EI}$$

不静定

元々の構造モデルは 2 つの部材がヒンジによって接続されている。そのため、部材ごとに分割してそれぞれ算出する場合にも、ヒンジ部分（B 点）の変位は等しいものとして計算する。

「$\delta_a = \delta_b$」および ①、② より

$$\frac{P_a}{3EI} = \frac{2P_b}{3EI}$$

$$P_a = 2P_b \quad \cdots ③$$

荷重 6kN を荷重 P_a と荷重 P_b に分割しているため、P_a と P_b の和は元の荷重 6kN と等しい。

「$P_a + P_b = 6kN$」および ③ より

$$2P_b + P_b = 6kN$$

$$P_b = 2kN \quad \cdots ④$$

③、④ より　　　$P_a = 2 \times 2kN$

$$= 4kN$$

反力・応力

参考 p.23

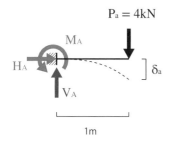

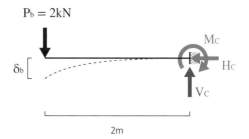

A 点および C 点に反力を仮定し、つり合い条件式により鉛直反力 V_A と V_C を求める。

[AB 間] $\Sigma Y = 0$ より

$$V_A - 4kN = 0$$

答　$\underline{V_A = 4kN（\uparrow）}$

[BC 間] $\Sigma Y = 0$ より

$$-2kN + V_C = 0$$

答　$\underline{V_C = 2kN（\uparrow）}$

図のようなヤング係数が E で断面二次モーメントが I の等質等断面梁に等分布荷重 ω が作用しているとき、材端 B に生じる鉛直反力 V_B を求めよ。

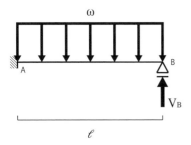

考え方 ─── 参照：p.127 ❷ ───

[荷重ごとのたわみを考える]

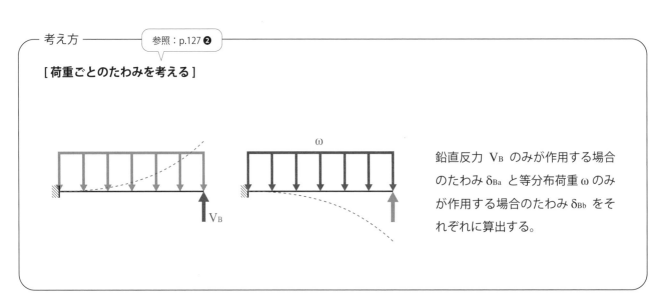

鉛直反力 V_B のみが作用する場合のたわみ δ_{Ba} と等分布荷重 ω のみが作用する場合のたわみ δ_{Bb} をそれぞれに算出する。

鉛直反力 V_A によって生じるたわみ δ_{Ba} と等分布荷重 ω によって生じるたわみ δ_{Bb} をそれぞれを求め、$\delta_{Ba} - \delta_{Bb} = 0$ の関係により鉛直反力 V_B の値を算出する。

たわみ　　　　　　　　　　　　　　　　　　　　　　　　　参考 p.106

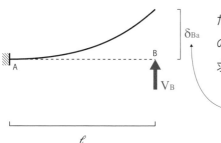

たわみの公式により、鉛直反力 V_B のみが作用する場合のたわみ δ_{Ba} を求める。

$$\delta_{Ba} = \frac{V_B \ell^3}{3EI} \quad \cdots ①$$

公式

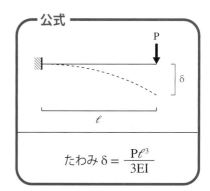

$$たわみ \; \delta = \frac{P\ell^3}{3EI}$$

$+$

たわみの公式により、等分布荷重 ω のみが作用する場合のたわみ δ_{Bb} を求める。

$$\delta_{Bb} = \frac{\omega \ell^4}{8EI} \quad \cdots ②$$

公式

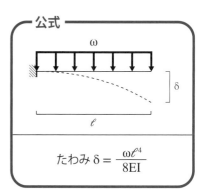

$$たわみ \; \delta = \frac{\omega \ell^4}{8EI}$$

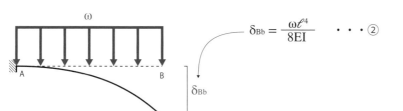

不静定

$=$

元々の構造モデルの B 点は移動支点であり、鉛直方向には変位しない。そのため、荷重ごとに算出した B 点のたわみを加算した値は 0 となる。なお、鉛直反力 V_B によって生じるたわみ δ_{Ba} が上方に変位するのに対し、等分布荷重 ω によって生じるたわみ δ_{Bb} は下方に変位するため、双方の差である $\delta_{Ba} - \delta_{Bb}$ が 0 となる。

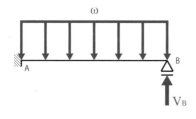

「$\delta_{Ba} - \delta_{Bb} = 0$」および①、②より

$$\frac{V_B \ell^3}{3EI} - \frac{\omega \ell^4}{8EI} = 0$$

$$\underset{答}{\underline{V_B = \frac{3\omega \ell}{8} \; (\uparrow)}}$$

図のようなヤング係数が E で断面二次モーメントが I の等質等断面梁に集中荷重 16P が作用しているとき、材端 A 及び B に生じる反力を求めよ。

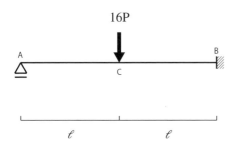

[荷重ごとのたわみを考える]

参照：p.127 ❷

荷重ごとのたわみを求め、$\delta_{Aa} - \delta_{Ab} = 0$ の関係から各反力を算出する。

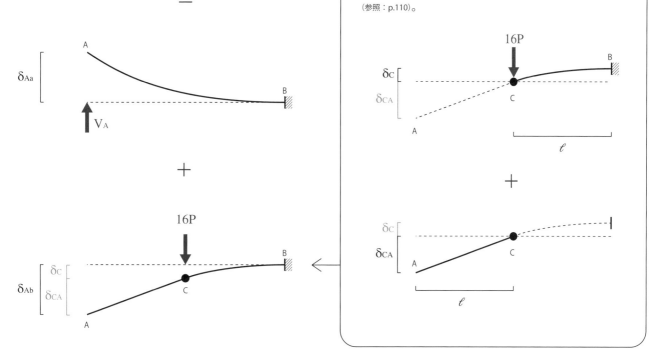

δ_{Ab} のように部材中央に荷重が作用する場合の変位（たわみ）は、片持ち梁のたわみ δ_C と微小角の公式により算出する δ_{CA} との和として求める必要がある（参照：p.110）。

たわみ 1 参考 p.106

鉛直反力 V_A によって生じる A 点のたわみ δ_{Aa} を、たわみの公式により求める。

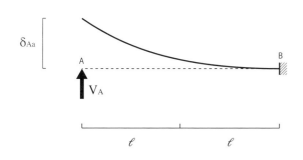

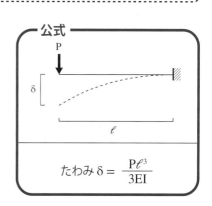

公式

$$たわみ \ \delta = \frac{P\ell^3}{3EI}$$

$$\delta_{Aa} = \frac{V_A(2\ell)^3}{3EI}$$

$$= \frac{8V_A\ell^3}{3EI} \quad \cdots ①$$

集中荷重 16P によって生じる A 点のたわみ δ_{Ab} を、下記（1）から（3）の手順により算出する。

（1）CB 間のたわみ δ_C の値を、たわみの公式より求める。

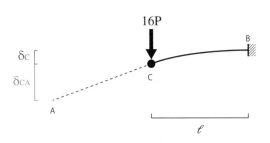

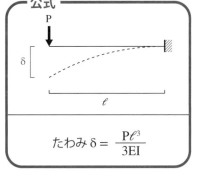

公式

たわみ $\delta = \dfrac{P\ell^3}{3EI}$

$\delta_C = \dfrac{16P\ell^3}{3EI}$ ・・・②

（2）AC 間のたわみ δ_{CA} の値を、微小角の公式により求める。微小角の計算に用いる角度 θ_{CA} は CB 間のたわみ角 θ_{CB} と等しいため、まずは CB 間のたわみ角 θ_{CB} をたわみ角の公式により求める。

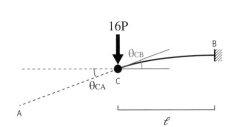

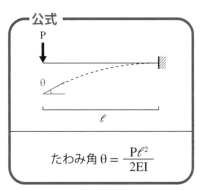

公式

たわみ角 $\theta = \dfrac{P\ell^2}{2EI}$

$\theta_{CB} = \dfrac{16P\ell^2}{2EI} = \dfrac{8P\ell^2}{EI} = \theta_{CA}$ ・・・③

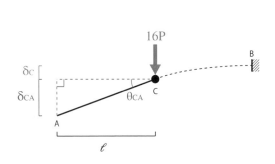

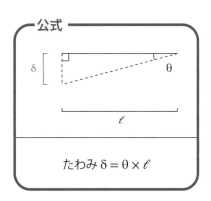

公式

たわみ $\delta = \theta \times \ell$

微小角の公式「$\delta_{CA} = \theta_{CA} \times \ell$」および③より

$\delta_{CA} = \dfrac{8P\ell^2}{EI} \times \ell = \dfrac{8P\ell^3}{EI}$ ・・・④

（3）BC 間のたわみ δ_C と AC 間のたわみ δ_{CA} を加算し、A 点のたわみ δ_{Ab} を求める。

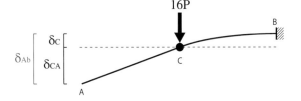

②、④より

$\delta_{Ab} = \delta_C + \delta_{CA}$

$= \dfrac{16P\ell^3}{3EI} + \dfrac{8P\ell^3}{EI} = \dfrac{40P\ell^3}{3EI}$ ・・・⑤

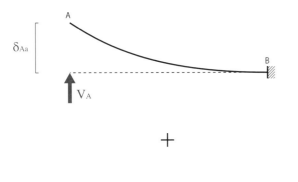

元々の構造モデルの A 点は移動支点であり、鉛直方向には変位しない。そのため、たわみ δ_{Aa} とたわみ δ_{Ab} を加算した値は 0 となる。

なお、鉛直反力 V_A によって生じるたわみ δ_{Aa} が上方に変位するのに対し、集中荷重 16P によって生じるたわみ δ_{Ab} は下方に変位する。そのため、双方の差である $\delta_{Aa} - \delta_{Ab}$ の値が 0 となる。

$+$

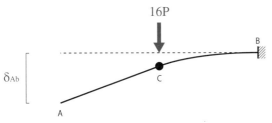

「$\delta_{Aa} - \delta_{Ab} = 0$」および①、⑤より

$$\frac{8V_A\ell^3}{3EI} - \frac{40P\ell^3}{3EI} = 0$$

答 $\underline{V_A = 5P\ (\uparrow)}$

反力   参考 p.23

B 点に反力を仮定し、つり合い条件式より各反力の値を求める。

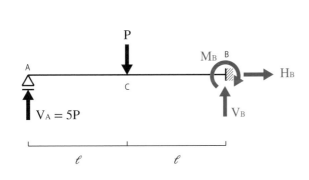

$\Sigma X = 0$ より

答 $\underline{H_B = 0}$

$\Sigma Y = 0$ より

$5P - P + V_B = 0$

$V_B = -4P$

算出した反力の符号が「−」であるということは、仮定した力の向きが正しくなかったことを意味する。そのため、答えとなる力の向きは、仮定した上向きではなく下向きとなる。

答 $\underline{V_B = 4P\ (\downarrow)}$

$\Sigma M_B = 0$ より

$5P \times 2\ell - P \times \ell + M_B = 0$

$M_B = -9P\ell$

M_B の符号が「−」であるため、答えとなる力の向きは仮定した右回転ではなく左回転となる。

答 $\underline{M_B = 9P\ell\ (\circlearrowleft)}$

練習 9-1（解答 p.202）

図のような梁1及び梁2に集中荷重が作用するとき、材端 A 点における鉛直反力 V_{A1} と V_{A2} の比を求めよ。

ただし、梁はいずれも等質等断面とし、自重は無視するものとする。

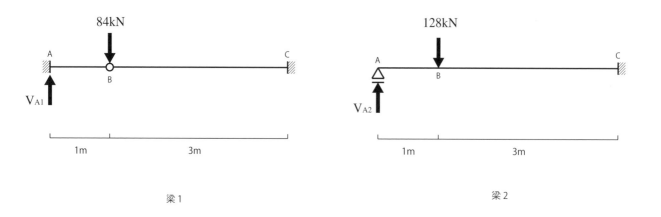

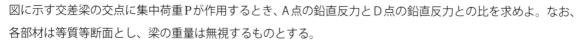

練習 9-2（解答 p.202）

図に示す交差梁の交点に集中荷重 P が作用するとき、A 点の鉛直反力と D 点の鉛直反力との比を求めよ。なお、各部材は等質等断面とし、梁の重量は無視するものとする。

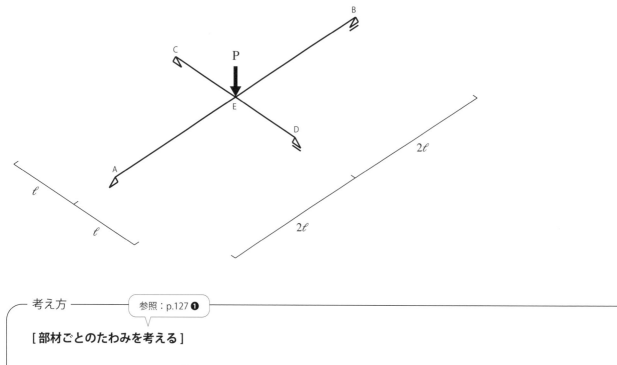

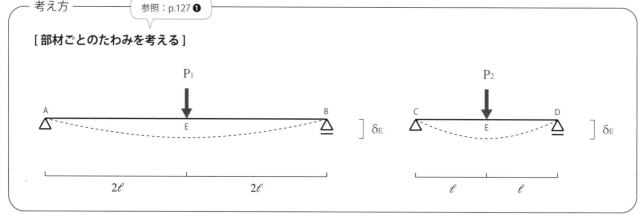

考え方 ──── 参照：p.127 ❶

[部材ごとのたわみを考える]

② 「つり合い条件式」と「**剛度**」を用いる解き方

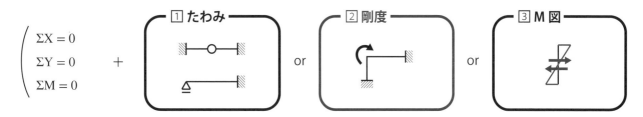

$$\begin{cases} \Sigma X = 0 \\ \Sigma Y = 0 \\ \Sigma M = 0 \end{cases} \quad +$$

①たわみ　or　②剛度　or　③M図

柱梁接合部に作用するモーメントは、部材の剛度 K（材長に対する部材の曲がりにくさ）に応じて柱・梁に分割される。

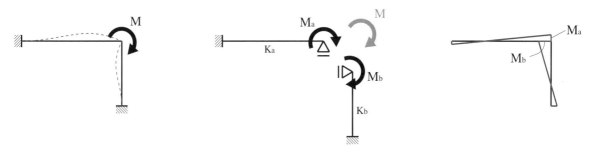

（1）接合部に作用するモーメント M を、梁に作用するモーメント M_a と柱に作用するモーメント M_b に分割して考える。

$$\cdots \quad M = M_a + M_b$$

> M_a と M_b を加算した値は、もとのモーメント荷重 M と等しい値となる

（2）モーメントは部材ごとの剛度に応じて分割される。そのため、M_a と M_b の割合は、梁の剛度 K_a と柱の剛度 K_b の割合に等しい。

$$\cdots \quad M_a : M_b = K_a : K_b$$

（3）各部材の**剛度 K** は、曲げ剛性 EI （参照：p.98）を材長 ℓ で除して求められる。

$$K = \frac{EI}{\ell}$$

つまり、断面二次モーメント I が大きく（断面が太く）、ヤング係数 E が大きく（材質が硬く）、また ℓ が小さい（材長が短い）ほど、剛度 K は大きくなる（曲げに対して変形しにくい部材である）。

> 基準となる部材の剛度 K_0 に対する各部材の剛度 K の割合を**剛比** ℓ といい、$\ell = K / K_0$ で表される。

（4）節点で分割されたモーメントは部材を伝わり、他端へと到達する。このとき、端部に到達するモーメントの大きさは支持条件によって異なり、固定端（フィックス）の場合は 1/2、回転支点（ピン）の場合は 0 となる。

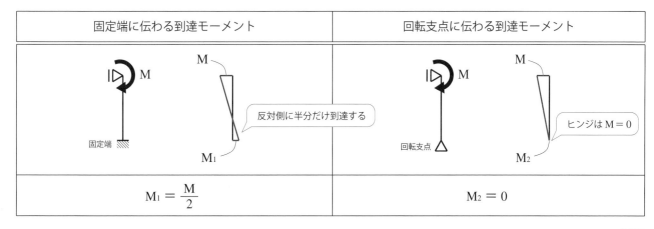

固定端に伝わる到達モーメント	回転支点に伝わる到達モーメント
$M_1 = \dfrac{M}{2}$	$M_2 = 0$

B 節点に下図のようなモーメント荷重が作用する骨組において、材端 A、C 点に作用するモーメントの値を求めよ。ただし、材質は均一でヤング係数は E であり、かつ、材の断面二次モーメントは I で一定であるものとする。

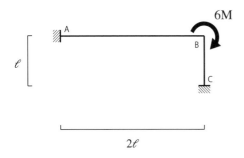

剛度

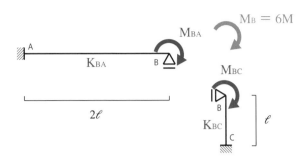

B節点に作用するモーメント $M_B = 6M$ を、梁BAに作用するモーメント M_{BA} と柱BCに作用するモーメント M_{BC} に分割する。

「$M_B = M_{BA} + M_{BC}$」「$M_B = 6M$」より

$$6M = M_{BA} + M_{BC} \qquad \cdots ①$$

剛度の公式により、梁BAの剛度 K_{BA} と柱BCの剛度 K_{BC} を求める。

$$梁BAの剛度 \ K_{BA} = \frac{EI}{2\ell} \qquad \cdots ②$$

$$柱BCの剛度 \ K_{BC} = \frac{EI}{\ell} \qquad \cdots ③$$

B節点に作用するモーメントは、各部材の剛度に応じて分割される。

「$M_{BA} : M_{BC} = K_{BA} : K_{BC}$」および②、③より

$$M_{BA} : M_{BC} = \frac{EI}{2\ell} : \frac{EI}{\ell}$$

$$= 1 : 2$$

$$M_{BC} = 2M_{BA} \qquad \cdots ④$$

> 「A:B=a:b」→「A×b=B×a」

①、④より

$$6M = M_{BA} + 2M_{BA}$$

$$M_{BA} = 2M \qquad \cdots ⑤$$

①、⑤より

$$6M = 2M + M_{BC}$$

$$M_{BC} = 4M$$

公式

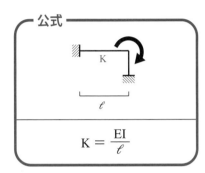

$$K = \frac{EI}{\ell}$$

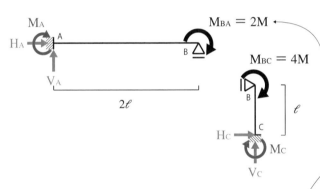

到達モーメント

A、C点のモーメント反力を、到達モーメントの公式により求める。節点にモーメント荷重が作用する場合、固定端には逆向きに半分のモーメントが到達する。

$$M_A = M_{BA} \times \frac{1}{2}$$

$$答 = \underline{M}$$

$$M_C = M_{BC} \times \frac{1}{2}$$

$$答 = \underline{2M}$$

公式

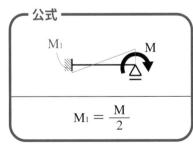

$$M_1 = \frac{M}{2}$$

M図

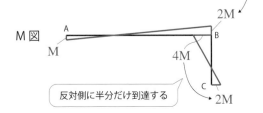

> 反対側に半分だけ到達する

下図のような荷重が作用する骨組の曲げモーメント図を描け。ただし、梁部材の曲げ剛性は 2EI、柱部材の曲げ剛性は EI とし、曲げモーメント図は引張側に描くものとする。

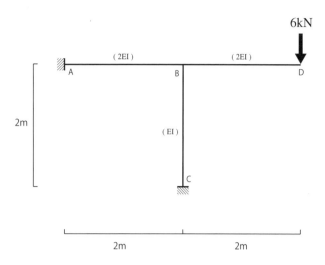

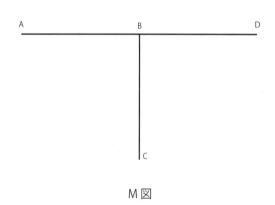

M 図

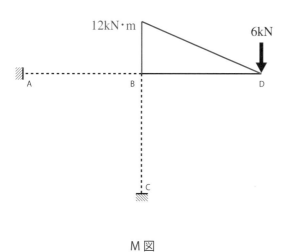

左図の構造モデルにより、BD間のモーメント応力を求める。

$$\Sigma M_x = 0 \text{ より}$$
$$-M_{x左} + 6kN \times x = 0$$
$$M_{x左} = 6kN \times x$$
$$M_x = 6kN \times x \quad (\circlearrowleft \cdot \circlearrowright)$$

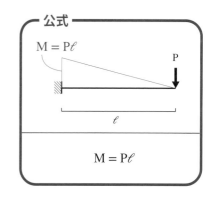

公式

$$M = P\ell$$

$$M = P\ell$$

部材 BD の長さが 2m であることから、x は 0m（D点）から 2m（B点）を範囲とする。したがって、D 点のモーメント M_D と B 点のモーメント M_{BD} を求め、両点の値を図示することで、左図のようなモーメント図（M図）を描くことができる。

$$M_D = 6kN \times 0m = 0kN \cdot m$$
$$M_{BD} = 6kN \times 2m = 12kN \cdot m$$

なお、BD 部材に生じるモーメントは上側引張・下側圧縮であるため、モーメント図は上側（引張側）に描く。

M図

以上より、B 節点には 12kN・m のモーメント応力が作用していることがわかる。このとき、BA 間および BC 間のモーメント分布は、節点に 12kN・m のモーメント荷重が作用した場合のモーメント分布と同様であり、右下図の構造モデルを用いた算出が可能となる。

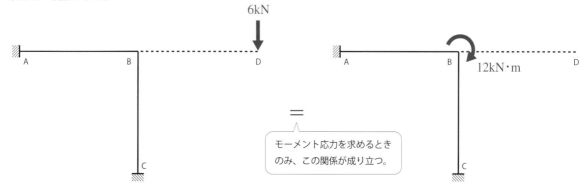

モーメント応力を求めるときのみ、この関係が成り立つ。

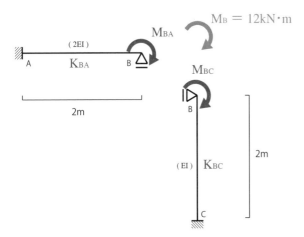

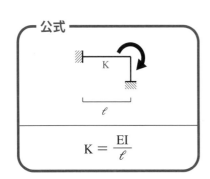

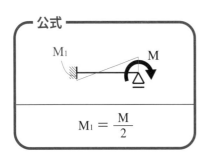

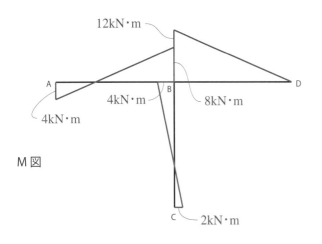

M図

接合部 B に作用するモーメント荷重（12kN・m）を、梁 BA に作用するモーメント M_{BA} と、柱 BC に作用するモーメント M_{BC} に分割する。

「$M_B = M_{BA} + M_{BC}$」「$M_B = 12kN・m$」より

$$12kN・m = M_{BA} + M_{BC} \quad ・・・①$$

剛度の公式により、梁 BA の剛度 K_{BA} と柱 BC の剛度 K_{BC} を求める。

$$K_{BA} = \frac{2EI}{2m} \quad ・・・②$$

$$K_{BC} = \frac{EI}{2m} \quad ・・・③$$

接合部 B に作用するモーメントは、各部材の剛度に応じて分割される。

「$M_{BA} : M_{BC} = K_{BA} : K_{BC}$」および②、③より

$$M_{BA} : M_{BC} = \frac{2EI}{2m} : \frac{EI}{2m}$$
$$= 2 : 1$$
$$2M_{BC} = M_{BA} \quad ・・・④$$

①、④より

$$12kN・m = 2M_{BC} + M_{BC}$$
$$M_{BC} = 4kN・m \quad ・・・⑤$$

①、⑤より

$$12kN・m = M_{BA} + 4kN・m$$
$$M_{BA} = 8kN・m$$

到達モーメント

A、C 点の反力を到達モーメントの公式により求める。節点にモーメント荷重が作用する場合、固定端に伝わる到達モーメントの大きさは 1/2 であり、B 点のモーメントとは逆側に生じる。

$$M_A = M_{BA} \times \frac{1}{2} = 4kN・m$$

$$M_C = M_{BC} \times \frac{1}{2} = 2kN・m$$

上記で求めた各点のモーメントを図示し、それぞれをつなげることで、答えとなるモーメント図を描くことができる。

剛度は $\mathrm{K} = \dfrac{\mathrm{EI}}{\ell}$ であり、曲げ剛性 EI と材長 ℓ によって定められる。しかしながら、曲げ剛性 EI や材長 ℓ が同じだとしても、右図のように他端の支持条件が異なる場合には、部材ごとの変形しにくさは異なる。そこで、このような場合には回転支点側の剛比を、固定支点側の剛比の 3/4 倍とすることで、このずれを補正する（**等価剛比**）。

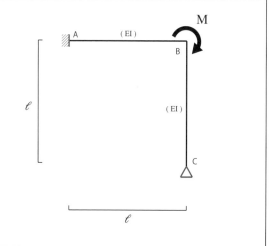

$$\mathrm{K_{BA}} : \mathrm{K_{BC}} = \dfrac{\mathrm{EI}}{\ell} : \dfrac{\mathrm{EI}}{\ell} \times \dfrac{3}{4}$$

$$= \quad 4 \quad : \quad 3$$

練習 9-3（解答 p.203）

下図のような荷重が作用する骨組の曲げモーメント図を描け。ただし、梁部材の曲げ剛性は 3EI、柱部材の曲げ剛性は 2EI とする。

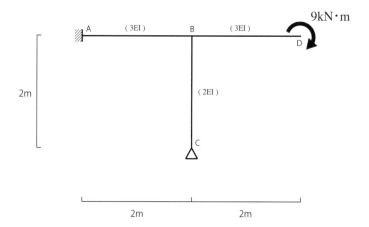

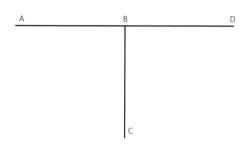

M 図

③「つり合い条件式」と「モーメント図（M図）」を用いる解き方

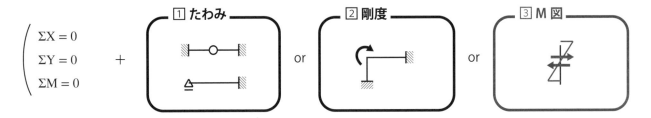

$$\begin{cases} \Sigma X = 0 \\ \Sigma Y = 0 \\ \Sigma M = 0 \end{cases}$$

部材に生じるせん断応力 Q の値は、モーメント図の傾き（材端モーメントの和を材長で除した値）に等しい。この関係を用いることで、モーメント図から部材に生じるせん断応力 Q の値を求めることができる。なお、モーメントが 0 になる点を「反曲点」といい、材端から反曲点までの距離は、端部に作用するモーメント荷重を部材に生じるせん断力 Q で除して求める。

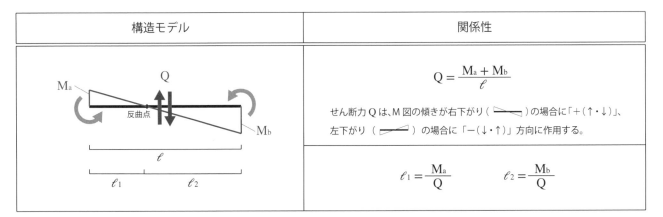

構造モデル	関係性
（構造モデル図：M_a、Q、反曲点、M_b、ℓ、ℓ_1、ℓ_2）	$Q = \dfrac{M_a + M_b}{\ell}$ せん断力 Q は、M 図の傾きが右下がり（───）の場合に「$+$（↑・↓）」、左下がり（───）の場合に「$-$（↓・↑）」方向に作用する。
	$\ell_1 = \dfrac{M_a}{Q}$　　　$\ell_2 = \dfrac{M_b}{Q}$

基本問題　No.45

2 階に水平荷重 P、R 階に水平荷重 2P が作用する 2 層ラーメンにおいて、梁の曲げモーメント図が下図のように示されるとき、水平荷重 P の値を求めよ。

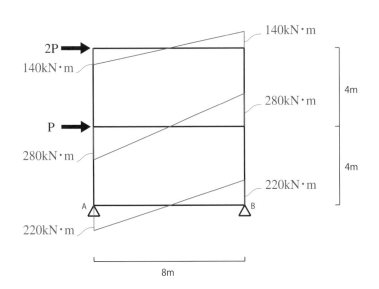

M 図の傾きとせん断応力の関係性

部材に生じるせん断応力の値は、モーメント図の傾き（材端モーメントの和を材長で除した値）に等しい。

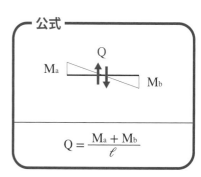

公式

$$Q = \frac{M_a + M_b}{\ell}$$

M 図の傾きが右上がり（━）であるため、せん断力 Q は（↓・↑）の向きに作用する

$$\left\lceil Q = \frac{M_a + M_b}{\ell} \right\rfloor \text{ より}$$

$$Q_R = \frac{140kN \cdot m + 140kN \cdot m}{8m} = 35kN \quad \cdots ①$$

$$Q_2 = \frac{280kN \cdot m + 280kN \cdot m}{8m} = 70kN \quad \cdots ②$$

$$Q_1 = \frac{220kN \cdot m + 220kN \cdot m}{8m} = 55kN \quad \cdots ③$$

反力・応力　　　　　　　　　　　　参考 p.35

右半分で切断した構造モデルに応力と反力を仮定し、つり合い条件式から B 点に生じる鉛直反力 V_B を求める。

$$\Sigma Y = 0 \text{ および } ①、②、③ \text{ より}$$

$$-Q_R - Q_2 - Q_1 + V_B = 0$$

$$V_B = 35kN + 70kN + 55kN$$

$$V_B = 160kN \quad \cdots ④$$

A 点を基点としたつり合い条件式により、P の値を求める。

$$\Sigma M_A = 0、④ \text{ より}$$

$$2P \times 8m + P \times 4m - V_B \times 8m = 0$$

$$16P + 4P - 1280kN = 0$$

答 $\underline{P = 64kN}$

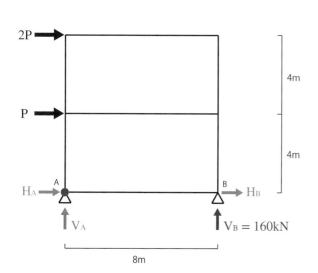

図-1のような骨組に水平力 4P が作用し、図-2に示すような曲げモーメントが生じてつり合った場合、部材 A に生じる軸方向力 N_A を求めよ。

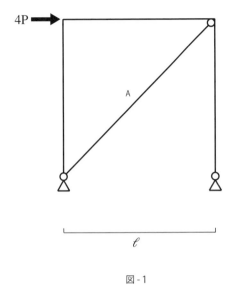

図 - 1

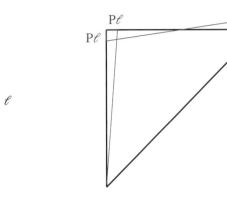

図 - 2

考え方

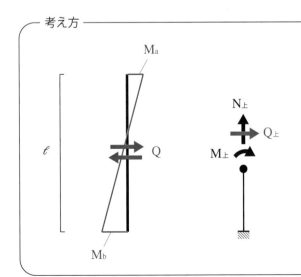

柱の場合も梁と同様に、部材に生じるせん断力 Q の値がモーメント図の傾き（材端モーメントの和を材長で除した値）と等しくなる。

$$Q = \frac{M_a + M_b}{\ell}$$

なお、柱に生じるせん断力 Q は、「⇄」の組み合わせが「＋」、「⇆」の組み合わせが「－」であるため（参照: p.40）、M 図の傾きが（ ⟋ ）の場合に「⇄」、（ ⟍ ）の場合に「⇆」方向に作用する。

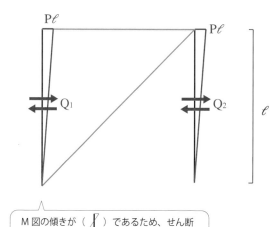

モーメント図の傾きから、左右の柱に生じるせん断応力を求める。

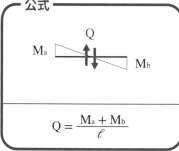

公式

$$Q = \frac{M_a + M_b}{\ell}$$

「$Q = \dfrac{M_a + M_b}{\ell}$」より

$$Q_1 = \frac{P\ell + 0}{\ell} = P \qquad \cdots ①$$

$$Q_2 = \frac{P\ell + 0}{\ell} = P \qquad \cdots ②$$

M 図の傾きが（ ／ ）であるため、せん断力 Q は（ ⇄ ）の向きに作用する

応力　　　　　　　　　　　　　　参考 p.35

（1）左図のように切断した構造モデルについて、応力を仮定する。なお、部材 A は筋かい材であるため、せん断応力 Q や曲げ応力 M は生じず、軸方向応力 N_A のみが生じる（参照：p.55）。

（2）斜め方向に作用する軸方向応力 N_A は、計算を容易にするため、X 軸方向の N_{AX} と Y 軸方向の N_{AY} に分割する。

（3）水平方向のつり合い条件式により、N_{AX} を求める。

$$\Sigma X = 0 \text{ および ①、② より}$$
$$4P - Q_1 - N_{AX} - Q_2 = 0$$
$$4P - P - N_{AX} - P = 0$$
$$N_{AX} = 2P \quad \cdots ③$$

（4）N_{AX} の値および直角三角形の辺の比を用いて、分割前の軸方向力 N_A を算出する。

「$N_{AX} : N_{AY} : N_A = 1 : 1 : \sqrt{2}$」および③より

$$N_A \times 1 = N_{AX} \times \sqrt{2}$$

答　$\underline{N_A = 2\sqrt{2}\,P}$

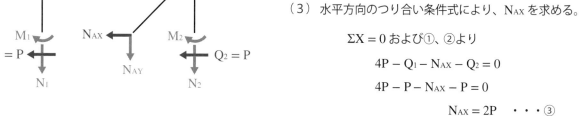

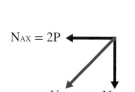

練習 9-4（解答 p.203）

2 階に水平荷重 P₁、R 階に水平荷重 P₂ が作用する 2 層のラーメンにおいて、柱の曲げモーメント図が下図のように示されるとき、2 階に作用する水平荷重 P₁ の値および B 支点の鉛直反力 V_B を求めよ。

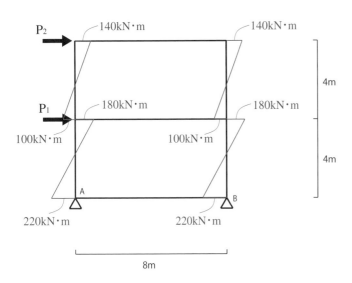

練習 9-5（解答 p.204）

図のような筋かいを有する骨組に水平荷重 100kN が作用したとき、部材 BC の引張力 T は 100kN であった。このとき、柱 AB の柱頭 A 点における曲げモーメントの絶対値を求めよ。ただし、梁 AC は剛体とし、柱 AB と柱 CD は等質等断面で伸縮はないものとする。

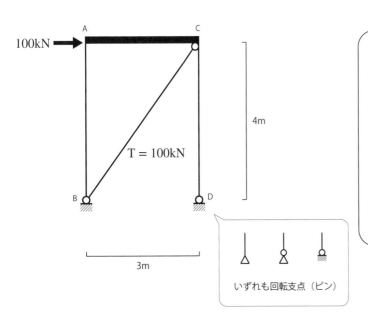

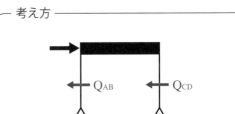

考え方

柱 AB と CD は等質等断面であり、支持条件および材長が等しい。このように各柱の条件が等しい場合、柱に生じるせん断力の大きさは等しくなる（$Q_{AB} = Q_{CD}$）。

主要構造モデルにおける変形とモーメント図

骨組形状と荷重条件	変形	曲げモーメント図

149

第10章
地震応答

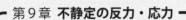

第8章 **静定・不静定の判別**

$$m = (n + s + r) - 2k$$

m < 0 ・・・ 不安定

m = 0 ・・・ 安定、静定

m > 0 ・・・ 安定、不静定

第9章 **不静定の反力・応力**

たわみ

$$\delta = \frac{P\ell^3}{3EI}$$

$$\delta = \theta \cdot \ell$$

$$\theta = \frac{P\ell^2}{2EI}$$

剛度

$$EI$$

$$K = \frac{EI}{\ell}$$

$$M_a : M_b = K_a : K_b$$

M図

$$Q = \frac{M_a + M_b}{\ell}$$

（Q の値 = M 図の傾き）

$$\left\{ \begin{array}{l} \Sigma X = 0 \\ \Sigma Y = 0 \\ \Sigma M = 0 \end{array} \right. \quad +$$

or

or

剛度：曲げに対する変形しにくさ
水平剛性：水平荷重に対する変形しにくさ

第11章 **全塑性**

$$M_P = T \times j = C \times j$$

$$\sigma_y = \frac{M_P}{Z_P}$$

$$Z_P = \frac{bh^2}{4}$$

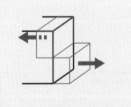

第10章 **地震応答**

水平剛性

$$K = \frac{12EI}{h^3} \qquad K = \frac{3EI}{h^3} \qquad K = 0$$

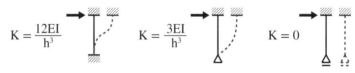

負担せん断力

$$Q = K \cdot \delta$$

$$\left(K = \frac{Q}{\delta} \right)$$

振動

$$T = 2\pi\sqrt{\frac{m}{K}}$$

$$Q = m \cdot S_a$$

第12章 **崩壊**

$$\Sigma P_u \cdot \delta = \Sigma M_P \cdot \theta$$

$$Q = \frac{M_a + M_b}{\ell}$$

$$\delta = \theta \cdot \ell$$

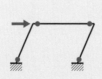

（複数項目融合）

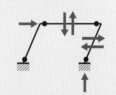

150

[水平剛性 K]

部材の曲げに対する変形しにくさを剛度で表すのに対し （参照：p.137）、柱に作用する水平力に対する変形のしにくさを**水平剛性 K** という。力学では地震力を水平力としてモデル化するため、水平剛性 K を用いることで地震時における建物の反応を知ることができる。なお、各柱の水平剛性 K は材端の支持条件によって異なり、下記の公式により求められる。

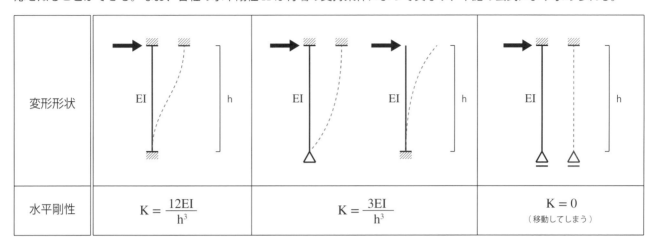

変形形状			
水平剛性	$K = \dfrac{12EI}{h^3}$	$K = \dfrac{3EI}{h^3}$	$K = 0$ （移動してしまう）

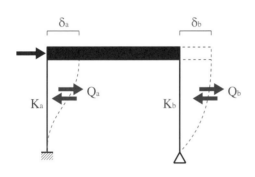

[負担せん断力 Q]

構造体に作用した水平力は、せん断応力 Q として柱に作用し、水平剛性 K に応じて上部を δ だけ変形させる。このとき、各柱が負担する応力 Q の大きさは、各柱の水平剛性 K と変位量 δ に比例し、次の関係が成り立つ。

> せん断力 Q ＝ 水平剛性 K × 水平変位 δ

また複層の場合は、層（階）ごとに「$Q = K \cdot \delta$」の関係が成り立つ。例えば、1 階部分が負担する層せん断力 Q_1（1 階における各柱のせん断力の和）は、1 階部分の水平剛性 K_1（1 階における各柱の水平剛性の和）と 1 階の層間変位 δ_1（1 階部分の水平変位量）を乗じた「$Q_1 = K_1 \cdot \delta_1$」で求められる。

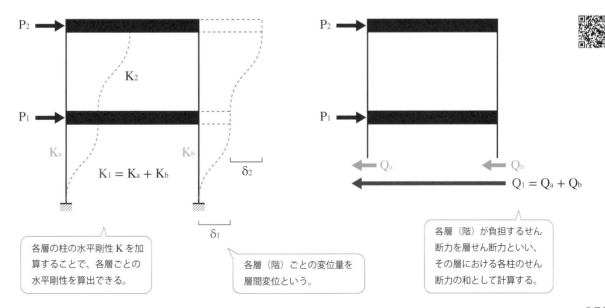

各層の柱の水平剛性 K を加算することで、各層ごとの水平剛性を算出できる。

各層（階）ごとの変位量を層間変位という。

各層（階）が負担するせん断力を層せん断力といい、その層における各柱のせん断力の和として計算する。

図のようなラーメン構造に水平力 P が作用する場合、柱 A、B、C に生じるせん断力 Q_A、Q_B、Q_C の比を求めよ。
ただし、それぞれの柱は等質等断面の弾性部材で曲げ剛性は EI または 2EI であり、梁は剛体とする。

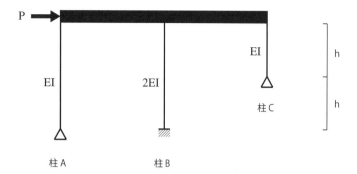

水平剛性

外力Pによる変形を考えた上で、公式により各柱の水平剛性を求める。

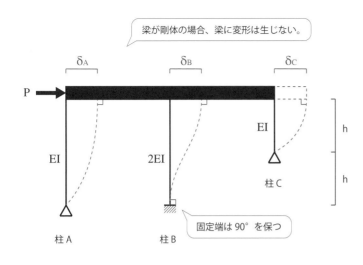

梁が剛体の場合、梁に変形は生じない。

固定端は 90° を保つ

$$K_A = \frac{3EI}{(2h)^3}$$

$$= \frac{3EI}{8h^3} \qquad \cdots ①$$

$$K_B = \frac{12(2EI)}{(2h)^3}$$

$$= \frac{3EI}{h^3} \qquad \cdots ②$$

$$K_C = \frac{3EI}{h^3} \qquad \cdots ③$$

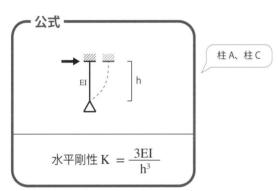

柱A、柱C

公式

水平剛性 $K = \dfrac{3EI}{h^3}$

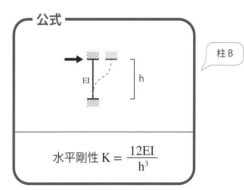

柱B

公式

水平剛性 $K = \dfrac{12EI}{h^3}$

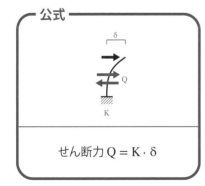

公式

せん断力 $Q = K \cdot \delta$

負担せん断力

問題文に「梁は剛体とする」と記されているため、梁は変形せず、$\delta_A = \delta_B = \delta_C$ の関係が成り立つ。

「$Q = K \cdot \delta$」より

$$Q_A : Q_B : Q_C = K_A \times \delta_A : K_B \times \delta_B : K_C \times \delta_C$$
$$= K_A : K_B : K_C$$

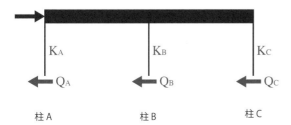

「$Q_A : Q_B : Q_C = K_A : K_B : K_C$」および①、②、③より

$$Q_A : Q_B : Q_C = \frac{3EI}{8h^3} : \frac{3EI}{h^3} : \frac{3EI}{h^3}$$

$$_{答} = \underline{1 : 8 : 8}$$

図のような水平力が作用する３層の構造物において、各層の層間変位が等しくなるとき、各層の水平剛性 K_1、K_2、K_3 の比を求めよ。ただし、梁は剛とし、柱の伸縮はないものとする。

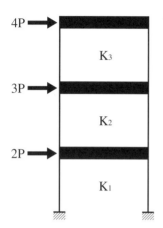

負担せん断力 Q の公式を用いる。ただし、問題文の中で問われているのは水平
剛性 K の比であるため、公式を読み替え、水平剛性 K の公式として用いる。

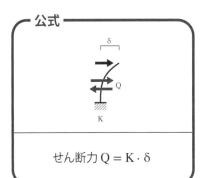

公式

せん断力 $Q = K \cdot \delta$

せん断力 $Q = K \cdot \delta$　$\longrightarrow$　水平剛性 $K = \dfrac{Q}{\delta}$

応力　　　　　　　　　　　　　　　　　　　　　　　　　　　　　　　　　参考 p.35

下図の構造モデルを用いて、各層の層せん断力 Q_1、Q_2、Q_3 を求める。

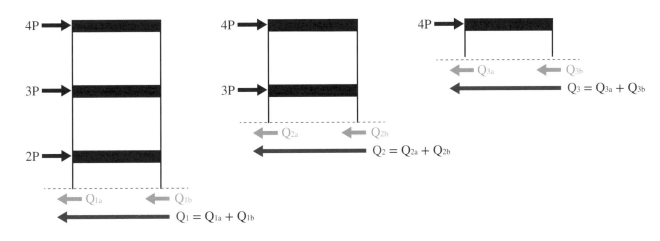

[1 階の層せん断力]
$\Sigma X = 0$ より

$4P + 3P + 2P - Q_1 = 0$

$Q_1 = 4P + 3P + 2P$

　　$= 9P$　　・・・①

[2 階の層せん断力]
$\Sigma X = 0$ より

$4P + 3P - Q_2 = 0$

$Q_2 = 4P + 3P$

　　$= 7P$　　・・・②

[3 階の層せん断力]
$\Sigma X = 0$ より

$4P - Q_3 = 0$

$Q_3 = 4P$　　・・・③

水平剛性

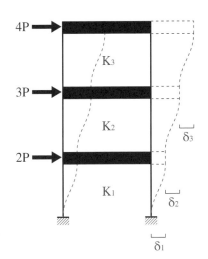

「$K = \dfrac{Q}{\delta}$」より

$K_1 : K_2 : K_3 = \dfrac{Q_1}{\delta_1} : \dfrac{Q_2}{\delta_2} : \dfrac{Q_3}{\delta_3}$

　　　　　　　　$= Q_1 : Q_2 : Q_3$

> 問題文に「各層の層間変位が
> 等しくなるとき」と記されて
> いるため、$\delta_1 = \delta_2 = \delta_3$ で
> ある。

「$K_1 : K_2 : K_3 = Q_1 : Q_2 : Q_3$」および①、②、③より

$K_1 : K_2 : K_3 = 9P : 7P : 4P$

答　$= \underline{9 : 7 : 4}$

練習 10-1（解答 p.204）

図のような柱脚の支持条件が異なる3つのラーメンに水平荷重 P が作用する場合、柱 A、B、C に生じるせん断力 Q_A、Q_B、Q_C の大小関係を求めよ。ただし、すべての柱は等質等断面の弾性部材とし、梁は剛体とする。

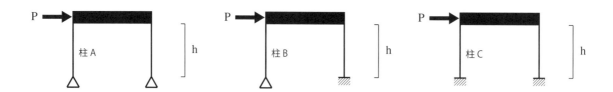

練習 10-2（解答 p.204）

図のような水平力が作用する2層の構造物（1層の水平剛性は 2K、2層の水平剛性は K）において、1層の層間変位 δ_1 と2層の層間変位 δ_2 の比を求めよ。ただし、梁は剛とし、柱の伸縮はないものとする。

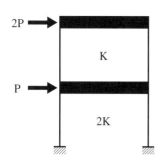

[振動]

建築物に地震動が加わると、建築物には水平剛性 K や質量 m に応じた振動が生じる。このとき、建築物を1質点系モデルとして理想化・単純化し、下記の手順で計算を行うと、地震動に応答して生じるせん断力（応答せん断力 Q）を求めることができる。

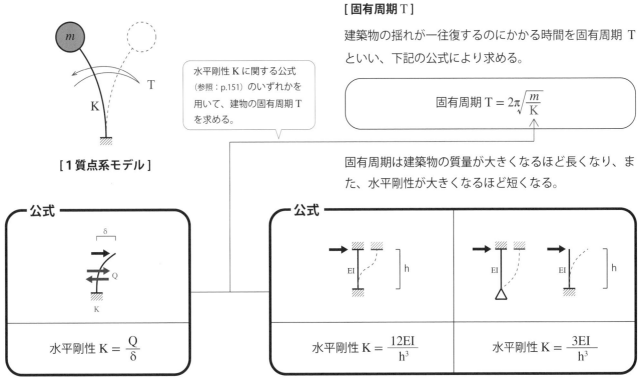

[1質点系モデル]

水平剛性 K に関する公式（参照：p.151）のいずれかを用いて、建物の固有周期 T を求める。

[固有周期 T]

建築物の揺れが一往復するのにかかる時間を固有周期 T といい、下記の公式により求める。

$$固有周期\ T = 2\pi\sqrt{\frac{m}{K}}$$

固有周期は建築物の質量が大きくなるほど長くなり、また、水平剛性が大きくなるほど短くなる。

公式

$$水平剛性\ K = \frac{Q}{\delta}$$

公式

$$水平剛性\ K = \frac{12EI}{h^3}$$

$$水平剛性\ K = \frac{3EI}{h^3}$$

加速度 S_a

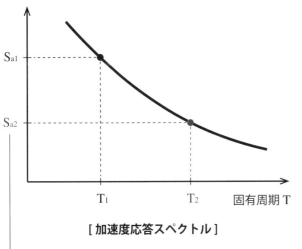

[加速度応答スペクトル]

[加速度応答スペクトル]

1質点系モデルに地震力が作用したときの反応（変位、速度、加速度）を固有周期 T ごとに並べた図を**応答スペクトル**といい、変位 S_d を示した変位応答スペクトル、速度 S_v を示した速度応答スペクトル、**加速度 S_a を示した加速度応答スペクトル**がある。

前記した公式（$T = 2\pi\sqrt{\frac{m}{K}}$）より算出した固有周期 T を加速度応答スペクトルに当てはめると、当該建物の加速度 S_a を求めることができる。

[応答せん断力 Q]

地震時に部材に生じるせん断力を応答せん断力 Q といい、質量 m に応答加速度 S_a を乗じて求める。

$$応答せん断力\ Q = m \times S_a$$

加速度応答スペクトルの図から読みとった応答加速度 S_a の値に建物の質量 m を乗じることで、応答せん断力 Q を求める。

図のような構造体A、B、Cの水平方向の固有周期をそれぞれT_A、T_B、T_Cとしたとき、それらの大小関係を求めよ。
ただし、すべての柱は等質等断面とし、すべての梁は剛体とする。

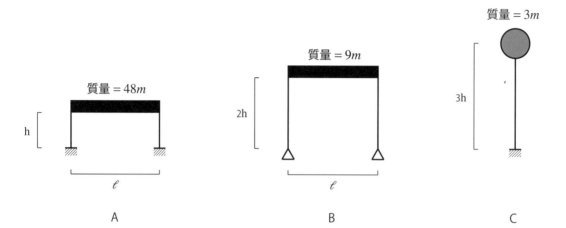

質量 $= 48m$

質量 $= 9m$

質量 $= 3m$

A

B

C

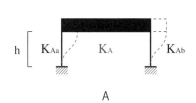
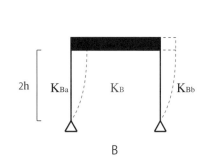
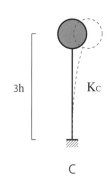

A　　　　　　　　　　　　B　　　　　　　　　　　　C

$$K_A = K_{Aa} + K_{Ab} = \frac{12EI}{h^3} + \frac{12EI}{h^3}$$

$$= \frac{24EI}{h^3} \cdots ①$$

$$K_B = K_{Ba} + K_{Bb} = \frac{3EI}{(2h)^3} + \frac{3EI}{(2h)^3}$$

$$= \frac{3EI}{4h^3} \cdots ②$$

$$K_C = \frac{3EI}{(3h)^3}$$

$$= \frac{3EI}{27h^3} \cdots ③$$

水平剛性の公式により、架構 A、B、C の水平剛性 K を求める。なお、ラーメン構造における層の水平剛性とは、その層における各柱の水平剛性の和であり、今回の問題では左右の柱の水平剛性 K_a、K_b を加算したものである。

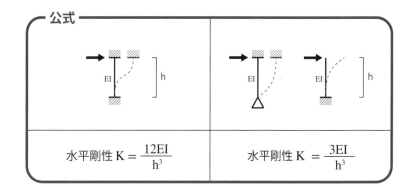

公式

水平剛性 $K = \dfrac{12EI}{h^3}$　　　水平剛性 $K = \dfrac{3EI}{h^3}$

固有周期

固有周期の公式および①、②、③より

$$T_A = 2\pi\sqrt{\frac{48m}{K_A}} = 2\pi\sqrt{48m \times \frac{h^3}{24EI}}$$

$$= 2\pi\sqrt{2 \times \frac{mh^3}{EI}}$$

$$T_B = 2\pi\sqrt{\frac{9m}{K_B}} = 2\pi\sqrt{9m \times \frac{4h^3}{3EI}}$$

$$= 2\pi\sqrt{12 \times \frac{mh^3}{EI}}$$

$$T_C = 2\pi\sqrt{\frac{3m}{K_C}} = 2\pi\sqrt{3m \times \frac{27h^3}{3EI}}$$

$$= 2\pi\sqrt{27 \times \frac{mh^3}{EI}}$$

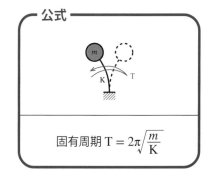

公式

固有周期 $T = 2\pi\sqrt{\dfrac{m}{K}}$

以上より、固有周期 T_A、T_B、T_C の大小関係を示す。

答　$\underline{T_A < T_B < T_C}$

図 - 1 のような頂部に質量 m または $2m$ の質点が設置された棒 A、B、C の固有周期を T_A、T_B、T_C とする。それぞれの棒の脚部に図 - 2 に示す加速度応答スペクトルをもつ地震動が入力されたとき、各棒に生じる応答せん断力 Q_A、Q_B、Q_C の大小関係を求めよ。ただし、棒 A、B、C の頂部に図 - 1 のような水平荷重が作用したときの水平変位は、それぞれ、2δ、δ、2δ であり、T_A、T_B、T_C は図 - 2 の T_1、T_2、T_3 のいずれかに対応する。また、応答は水平方向で弾性範囲内とする。

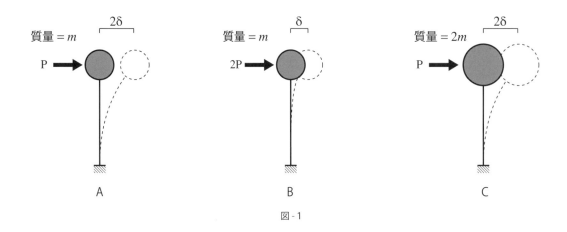

図 - 1

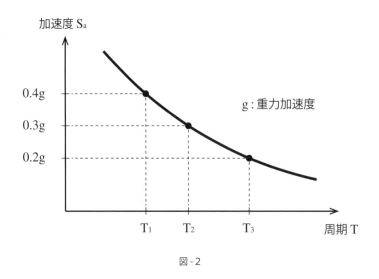

図 - 2

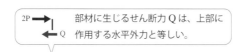 水平剛性　　　　　　　　　　　　　　　　　　　参考 p.151

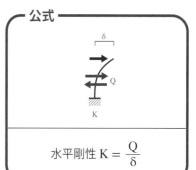

水平剛性 $K = \dfrac{Q}{\delta}$

水平剛性の公式より、各棒の水平剛性 K_A、K_B、K_C を求める。

2P → ┐
　　← Q

部材に生じるせん断力 Q は、上部に
作用する水平外力と等しい。

$$K_A = \frac{P}{2\delta} \cdots ①　\qquad K_B = \frac{2P}{\delta} \cdots ②　\qquad K_C = \frac{P}{2\delta} \cdots ③$$

固有周期　　　　　　　　　　　　　　　　　　　　　　　　　　参考 p.157

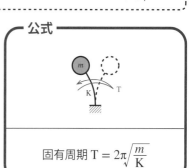

固有周期 $T = 2\pi\sqrt{\dfrac{m}{K}}$

固有周期の公式および ①、②、③ より

$$T_A = 2\pi\sqrt{\frac{m}{K_A}} \qquad T_B = 2\pi\sqrt{\frac{m}{K_B}} \qquad T_C = 2\pi\sqrt{\frac{2m}{K_C}}$$

$$= 2\pi\sqrt{m \times \frac{2\delta}{P}} \qquad = 2\pi\sqrt{m \times \frac{\delta}{2P}} \qquad = 2\pi\sqrt{2m \times \frac{2\delta}{P}}$$

以上より、固有周期 T の大小関係は $T_B < T_A < T_C$ と分かる。

加速度応答スペクトル

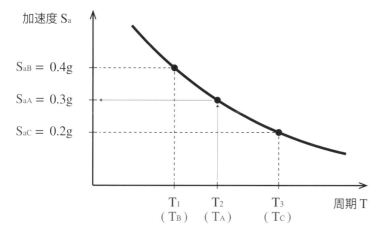

加速度 S_a

$S_{aB} = 0.4g$
$S_{aA} = 0.3g$
$S_{aC} = 0.2g$

T_1（T_B）　T_2（T_A）　T_3（T_C）　周期 T

図 - 2 において、固有周期 T_1、T_2、T_3 の大小関係は $T_1 < T_2 < T_3$ と示されている。そのため、$T_A = T_2$、$T_B = T_1$、$T_C = T_3$ であることがわかる。また、加速度応答スペクトルにより、T_1 に対応する加速度が 0.4g、T_2 に対応する加速度が 0.3g、T_3 に対応する加速度が 0.2g であることから、棒 A、B、C の加速度 S_{aA}、S_{aB}、S_{aC} は下記の値となる。

$$S_{aA} = 0.3g \cdots ④$$
$$S_{aB} = 0.4g \cdots ⑤$$
$$S_{aC} = 0.2g \cdots ⑥$$

応答せん断力

応答せん断力の公式および ④、⑤、⑥ より

$$Q_A = m \times S_{aA} = m \times 0.3g = 0.3mg$$
$$Q_B = m \times S_{aB} = m \times 0.4g = 0.4mg$$
$$Q_C = 2m \times S_{aC} = 2m \times 0.2g = 0.4mg$$

以上より、最大応答せん断力 Q_A、Q_B、Q_C の大小関係を示す。

応答せん断力 $Q = m \cdot S_a$

答　$\underline{Q_A < Q_B = Q_C}$

練習 10-3 （解答 p.205）

（解答 p.205）

図のような構造体 A、B、C の水平方向の固有周期をそれぞれ T_A、T_B、T_C としたとき、それらの比 $T_A : T_B : T_C$ を求めよ。ただし、柱の曲げ剛性はそれぞれ $2EI$、EI、$9EI$ とし、梁は剛体とする。また、柱の質量は考慮しないものとする。

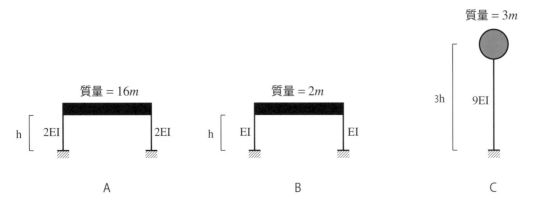

A   B   C

練習 10-4 （解答 p.205）

図 - 1 のような頂部に質量 m または $2m$ の質点が設置された、剛性が K または $2K$ の各棒 A、B、C の固有周期を T_A、T_B、T_C とする。それぞれの棒の脚部に図 - 2 に示す加速度応答スペクトルが入力されたとき、棒に生じる応答せん断力 Q_A、Q_B、Q_C の大小関係を求めよ、ただし、T_A、T_B、T_C は図 - 2 の T_1、T_2、T_3 のいずれかに対応し、応答は水平方向で、弾性範囲内とする。

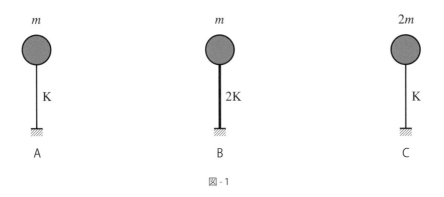

A   B   C

図 - 1

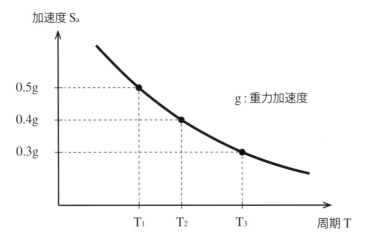

図 - 2

図のような1質点系モデルの丸棒 A、B、C における固有周期を T_A、T_B、T_Cとしたとき、それらの大小関係を求めよ。ただし、3本の棒はすべて等質とし、棒の質量は無視するものとする。なお、丸棒のバネ定数（水平剛性）K は $\dfrac{3EI}{L^3}$（L：棒の長さ、E：ヤング係数、I：断面二次モーメント）である。

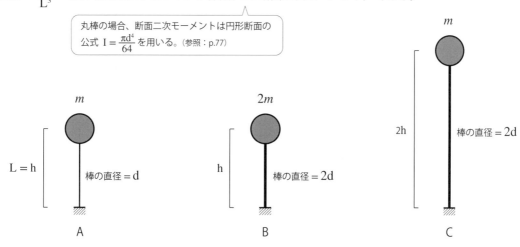

丸棒の場合、断面二次モーメントは円形断面の公式 $I = \dfrac{\pi d^4}{64}$ を用いる。（参照：p.77）

L = h　棒の直径 = d　A

h　棒の直径 = 2d　B

2h　棒の直径 = 2d　C

m　2m　m

補足

地震力に応答する建物の反応を示す「応答スペクトル」には、加速度応答スペクトルの他にも、変位応答スペクトルや速度応答スペクトルがある。一般に、固有周期 T の増加に応じて加速度 S_a が減少するのに対し、変位 S_d は増加し、速度 S_v は変化しない。

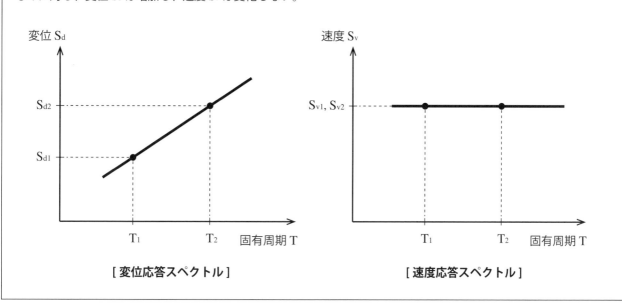

[変位応答スペクトル]　[速度応答スペクトル]

第11章
全塑性

第8章 **静定・不静定の判別**

$$m = (n + s + r) - 2k$$

m < 0 ・・・ 不安定

m = 0 ・・・ 安定、静定

m > 0 ・・・ 安定、不静定

第9章 **不静定の反力・応力**

たわみ

$$\delta = \frac{P\ell^3}{3EI}$$

$$\delta = \theta \cdot \ell$$

$$\theta = \frac{P\ell^2}{2EI}$$

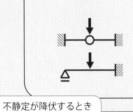

$$\begin{cases} \Sigma X = 0 \\ \Sigma Y = 0 \\ \Sigma M = 0 \end{cases} \quad +$$

剛度

$$EI$$

$$K = \frac{EI}{\ell}$$

$$M_a : M_b = K_a : K_b$$

or

M 図

$$Q = \frac{M_a + M_b}{\ell}$$

（Q の値 = M 図の傾き）

or

不静定が降伏するとき

第 11 章 **全塑性**

$$M_P = T \times j = C \times j$$

$$\sigma_y = \frac{M_P}{Z_P}$$

$$Z_P = \frac{bh^2}{4}$$

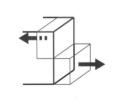

第 10 章 **地震応答**

水平剛性

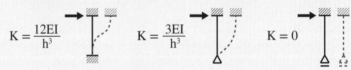

$$K = \frac{12EI}{h^3}$$

$$K = \frac{3EI}{h^3}$$

$$K = 0$$

負担せん断力

$$Q = K \cdot \delta$$

$$\left(K = \frac{Q}{\delta} \right)$$

振動

$$T = 2\pi\sqrt{\frac{m}{K}}$$

$$Q = m \cdot S_a$$

第 12 章 **崩壊**

$$\Sigma P_u \cdot \delta = \Sigma M_P \cdot \theta$$

$$Q = \frac{M_a + M_b}{\ell}$$

$$\delta = \theta \cdot \ell$$

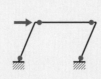

（複数項目融合）

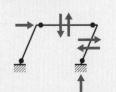

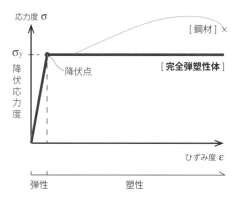

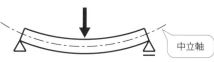

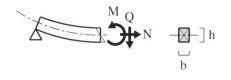

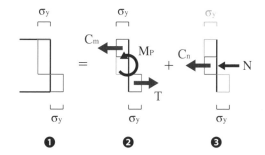

❶ ❷ ❸

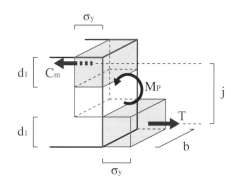

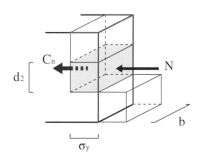

[完全弾塑性体]

応力度・ひずみ度曲線 (参照：p.91, 98) において、力を取り除くと元の形に戻る範囲を**弾性**、力を取り除いても元の形には戻らない範囲を**塑性**と呼び、その境となる点を**降伏点**、降伏点時の応力度を**降伏応力度** σ_y という。構造力学では、応力度・ひずみ度曲線をそのまま用いると計算が煩雑となるため、左図のように理想化・単純化した**完全弾塑性体**として扱う。

> 前章までは、弾性範囲の計算をしていた。

[全塑性]

完全弾塑性体に作用する曲げ応力度が降伏応力度 σ_y に達すると、下図のように部材の両縁 (上縁と下縁) から降伏が始まり、徐々に中央に向けて進行する。そして降伏が中立軸にまで進行すると、全断面が降伏応力度 σ_y に達し、右下図のような**全塑性状態**となる。この、全塑性状態時のモーメントを**全塑性モーメント**といい、記号 M_P で表す。

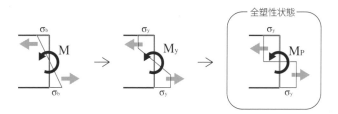

さらに、全塑性モーメント M_P だけでなく圧縮の軸方向力 N も同時に作用する場合には、左図 ❶ のような非対称の応力度分布となる。このとき、**❷ 全塑性モーメント M_P が担う部分**と**❸ 軸方向力 N が担う部分**に分割して考えることができ、それぞれ次のように計算する。

❷ 全塑性モーメント M_P が担う部分

全塑性モーメント M_P は引張側の合力 T と圧縮側の合力 C_m との偶力として計算し (参照：p.11)、$T \times j$ もしくは $C_m \times j$ により求める。なお、T と C_m はいずれも同じ大きさとし、降伏応力度 σ_y に b と d_1 を乗じて算出する (▭部分の体積計算と同じ)。

> 全塑性モーメント $M_P = T \times j = C_m \times j$

❸ 軸方向力 N が担う部分

全塑性モーメントが担う部分以外の合力 C_n (圧縮) を、軸方向力 N として計算する。なお、C_n は降伏応力度 σ_y に b と d_2 を乗じて算出する (▭部分の体積計算と同じ)。

> 圧縮軸力 $N = C_n$

図 - 1のような等質な材からなる断面が、図 - 2に示す垂直応力度分布となって全塑性状態に達した。このとき、断面の図心に作用する圧縮軸力 N と全塑性モーメント M_P の大きさを、降伏応力度σ_y を用いて表せ。

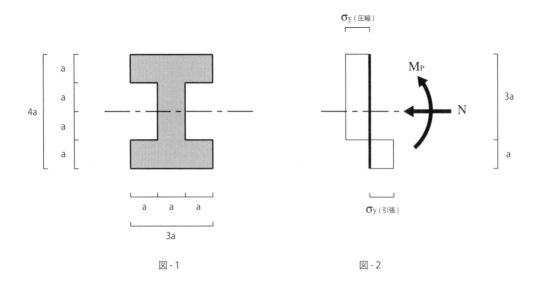

図 - 1　　　　　図 - 2

圧縮軸力 N と全塑性モーメント M_P が別々に作用する場合、断面の外側部分（Ⓐ部分）の合力が偶力となって全塑性モーメント M_P に寄与し、中央部分（Ⓑ部分）の合力が軸方向力 N に寄与すると考えることができる。また、断面もそれに応じて、外側の部分（Ⓐ部分）が全塑性モーメント M_P に寄与し、中央部分（Ⓑ部分）は軸方向力 N に寄与するものとして計算する。

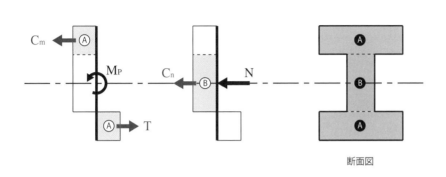

断面図

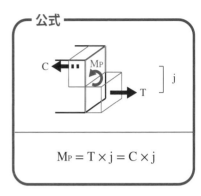

公式

$$M_P = T \times j = C \times j$$

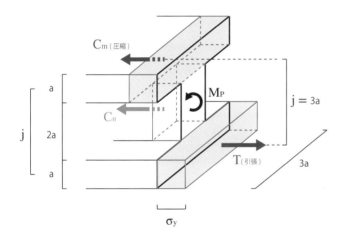

全塑性モーメント M_P

引張側の合力 T と圧縮側の合力 C_m は偶力であることから、$T \times j$ もしくは $C_m \times j$ により全塑性モーメント M_P を求めることができる。なお、T と C_m は同じ値であり、降伏応力度 σ_y に断面寸法を乗じて求める（▨部分の体積計算と同じ）。

$$M_P = C_m \times j = T \times j \quad \cdots ①$$
$$T = C_m = \sigma_y \times 3a \times a \quad \cdots ②$$
$$j = 3a \quad \cdots ③$$

①に②と③を代入し、全塑性モーメント M_P を求める。

$$M_P = \underset{\text{T or } C_m}{\underline{\sigma_y \times 3a \times a}} \times \underset{j}{\underline{3a}}$$

答　$\underline{= 9a^3\sigma_y}$

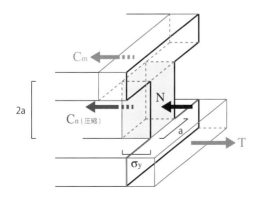

圧縮軸力 N（圧縮の軸方向力）

全塑性モーメントが担う部分以外の合力（圧縮合力 C_n）であり、降伏応力度 σ_y に断面寸法を乗じて求める（▭部分の体積計算と同じ）。

$$N = C_n$$
$$C_n = \sigma_y \times a \times 2a = 2a^2\sigma_y$$

答　$\underline{N = 2a^2\sigma_y}$

基本問題　No.52

図 - 1 のような底部が固定された矩形断面材の頂部の図心 G 点に、鉛直荷重 P および水平荷重 Q が作用している。底部 a~a 断面における垂直応力度分布が図 - 2 となり、全塑性状態に達した場合の P と Q の大きさを、降伏応力度σ_y を用いて表せ。ただし、矩形断面材は等質等断面とする。

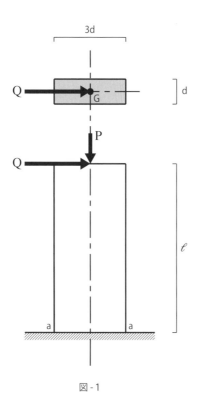

図 - 1

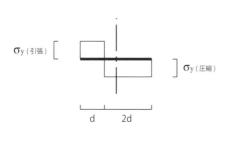

図 - 2

168

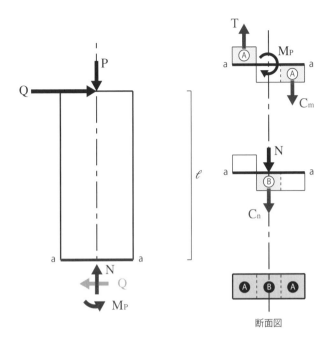

断面図

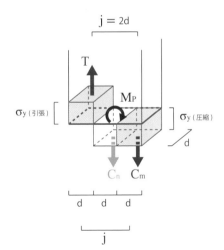

$j = 2d$

$\sigma_{y(引張)}$ / $\sigma_{y(圧縮)}$

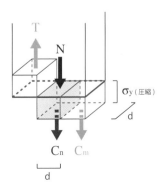

$\sigma_{y(圧縮)}$

底部 a~a 断面に生じる軸方向応力 N と全塑性モーメント M_P は、応力のつり合いより次のように計算できる。

$$M_P = Q \times \ell \qquad \cdots ①$$
$$N = P \qquad \cdots ②$$

全塑性

左図のように、外側の部分（Ⓐ部分）の合力が偶力となって全塑性モーメント M_P に寄与し、中央部分（Ⓑ部分）の合力が軸方向力 N に寄与すると考えることができる。また、断面もそれに応じて、外側の部分（Ⓐ部分）が全塑性モーメント M_P に寄与し、中央部分（Ⓑ部分）が軸方向力 N に寄与するとして計算する。

全塑性モーメント M_P

引張側の合力 T と圧縮側の合力 C_m は偶力であり、$T \times j$ もしくは $C_m \times j$ により全塑性モーメント M_P を求める。T もしくは C は、いずれも降伏応力度 σ_y に断面寸法を乗じて求める（▭部分の体積計算と同じ）。

$$\begin{aligned}
M_P &= T \times j = C_m \times j \\
&= \underset{T\ or\ C_m}{d \times d \times \sigma_y} \times \underset{j}{2d} \\
&= 2d^3\sigma_y \qquad \cdots ③
\end{aligned}$$

①、③より、水平荷重 Q を求める。

$$Q \times \ell = 2d^3\sigma_y$$

$$\underset{答}{\underline{Q = \frac{2d^3\sigma_y}{\ell}}}$$

圧縮軸力 N（圧縮の軸方向力）

全塑性モーメントが担う部分以外の合力（圧縮合力 C_n）であり、降伏応力度 σ_y に断面寸法を乗じて求める（▭部分の体積計算と同じ）。

$$\begin{aligned}
N &= C_n \\
&= d \times d \times \sigma_y \\
&= d^2\sigma_y \qquad \cdots ④
\end{aligned}$$

②、④より、鉛直荷重 P を求める。

$$\underset{答}{\underline{P = d^2\sigma_y}}$$

図-1のような等質な材からなる断面が、図-2に示す垂直応力度分布となって全塑性状態に達した。このとき、断面の図心に作用する圧縮軸力 N と全塑性モーメント M_P の大きさを、降伏応力度 σ_y を用いて表せ。

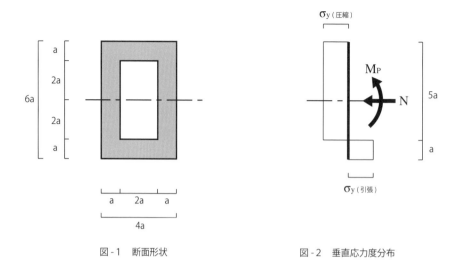

図-1　断面形状　　　図-2　垂直応力度分布

図-1のような底部が固定された H 形断面材の頂部の図心 G 点に、鉛直荷重 P および水平荷重 Q が作用している。底部 a~a 断面における垂直応力度分布が図-2のような場合の P と Q の比を求めよ。ただし、H 形断面材は等質等断面とし、降伏応力度は σ_y とする。

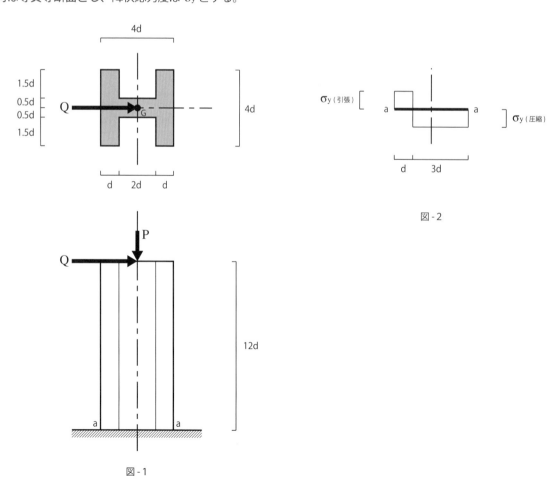

図-2

図-1

[塑性断面係数]

前述したように、全塑性モーメント M_P は $T \times j$ もしくは $C \times j$ にて求めることができる（参照：p.165）。加えて、軸方向力が作用していない場合は、力間の距離 j が断面せいの半分（$\frac{h}{2}$）であるため、全塑性モーメント M_P は次式となる。

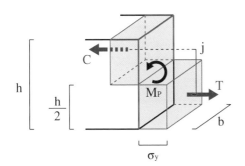

$$M_P = T \times j = C \times j = \underbrace{\sigma_y \times b \times \frac{h}{2}}_{C \text{ or } T} \times \underbrace{\frac{h}{2}}_{j} = \frac{bh^2}{4}\sigma_y$$

このとき、$\frac{bh^2}{4}$ を**塑性断面係数** Z_P といい、$M_P = Z_P \times \sigma_y$ より σ_y を次のように表すことができる。

基本問題　No.51（再）

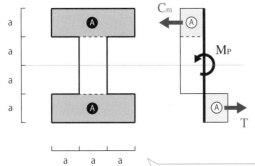

降伏応力度 $\sigma_y = \dfrac{M_P}{Z_P}$

塑性断面係数 $Z_P = \dfrac{bh^2}{4}$

[弾性範囲の場合]

曲げ応力度 $\sigma_b = \dfrac{M}{Z}$
（参照：p.79）

断面係数 $Z = \dfrac{bh^2}{6}$
（参照：p.71）

この塑性断面係数 Z_P は、下図のように中心に軸が通る矩形断面を足し引きする計算が可能であり、塑性断面係数 Z_P が算出できれば、$M_P = Z_P \times \sigma_y$ により全塑性モーメント M_P を求めることも可能である。

全塑性モーメント M_P に寄与する部分のみ、計算に用いる。

中心に軸が通る矩形断面のみで計算するため、T形断面などは Z_P を用いた計算はできない。

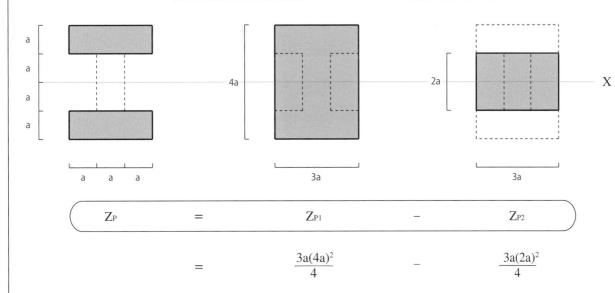

$$Z_P = Z_{P1} - Z_{P2}$$

$$= \frac{3a(4a)^2}{4} - \frac{3a(2a)^2}{4}$$

$$= 9a^3 \quad \cdots ①$$

「$M_P = Z_P \times \sigma_y$」および①より、全塑性モーメント M_P を求める。

$$M_P = 9a^3 \times \sigma_y = 9a^3\sigma_y$$

第12章
崩壊

第8章 静定・不静定の判別

$$m = (n + s + r) - 2k$$

$m < 0$ ・・・ 不安定

$m = 0$ ・・・ 安定、静定

$m > 0$ ・・・ 安定、不静定

第9章 不静定の反力・応力

たわみ

$$\delta = \frac{P\ell^3}{3EI}$$

$$\delta = \theta \cdot \ell$$

$$\theta = \frac{P\ell^2}{2EI}$$

$$\begin{cases} \Sigma X = 0 \\ \Sigma Y = 0 \\ \Sigma M = 0 \end{cases} \quad +$$

or

剛度

$$EI$$

$$K = \frac{EI}{\ell}$$

$$M_a : M_b = K_a : K_b$$

or

M図

$$Q = \frac{M_a + M_b}{\ell}$$

（Qの値＝M図の傾き）

第11章 全塑性

$$M_P = T \times j = C \times j$$

$$\sigma_y = \frac{M_P}{Z_P}$$

$$Z_P = \frac{bh^2}{4}$$

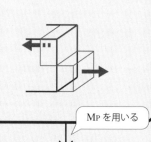

第10章 地震応答

水平剛性

$$K = \frac{12EI}{h^3}$$

$$K = \frac{3EI}{h^3}$$

$$K = 0$$

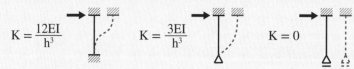

負担せん断力

$$Q = K \cdot \delta$$

$$\left(K = \frac{Q}{\delta} \right)$$

振動

$$T = 2\pi \sqrt{\frac{m}{K}}$$

$$Q = m \cdot S_a$$

M_P を用いる

第12章 崩壊

$$\Sigma P_u \cdot \delta = \Sigma M_P \cdot \theta \qquad Q = \frac{M_a + M_b}{\ell}$$

$$\delta = \theta \cdot \ell$$

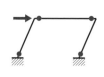

（複数項目融合）

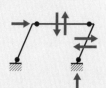

[崩壊荷重 P_u]

前章で学習した全塑性モーメント M_P が部材に作用しているときの外力を崩壊荷重 P_u という。いい換えると、外力 P が増大して崩壊荷重 P_u に達したときに構造物は崩壊しはじめ、崩壊箇所に全塑性モーメント M_P が作用する。なお、崩壊箇所には塑性ヒンジ（図中の黒丸 ●）が形成され、下図のような崩壊機構（崩壊メカニズム）を示す。

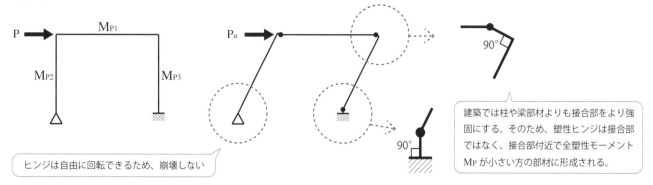

建築では柱や梁部材よりも接合部をより強固にする。そのため、塑性ヒンジは接合部ではなく、接合部付近で全塑性モーメント M_P が小さい方の部材に形成される。

ヒンジは自由に回転できるため、崩壊しない

建物が崩壊するとき、「**❶ 外力による仕事量 $\Sigma P_u \cdot \delta$**（建物を壊すのに必要なエネルギー量の合計）」と「**❷ 内力による仕事量 $\Sigma M_P \cdot \theta$**（建物が壊されるときに消費されるエネルギー量の合計）」は等しく、「$\Sigma P_u \cdot \delta = \Sigma M_P \cdot \theta$」の関係が成り立つ。

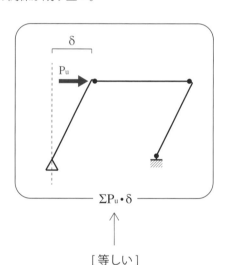

$$\Sigma P_u \cdot \delta$$

[等しい]

$$\Sigma P_u \cdot \delta = \Sigma M_P \cdot \theta$$

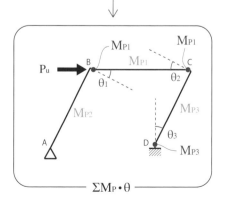

$$\Sigma M_P \cdot \theta$$

❶ 外力による仕事量 $\Sigma P_u \cdot \delta$

崩壊荷重 P_u に荷重方向の変位量 δ を乗じた値の総和である。

外力の数だけ加算する

$$\Sigma P_u \cdot \delta = P_u \times \underline{\delta}$$

なお、変位量 δ は微小角の公式（参照：p.106）を用いることで、変形角 θ と材長 ℓ により求めることができる。

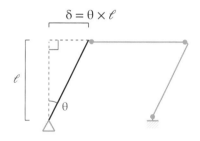

$$\delta = \theta \times \ell$$

❷ 内力による仕事量 $\Sigma M_P \cdot \theta$

各塑性ヒンジにおける全塑性モーメント M_P と回転角 θ を乗じた値の総和である。

塑性ヒンジの数だけ加算する

接合部付近の塑性ヒンジは、全塑性モーメント M_P の小さい部材側に形成される。例えば、柱の M_P より梁の M_P が小さい場合（$M_{P1} < M_{P2}$ かつ $M_{P1} < M_{P3}$ の場合）、B 点付近の塑性ヒンジは「梁側」に形成され、B 点の仕事量は M_{P1}（梁の M_P）$\times \theta_1$ で計算する。

$$\Sigma M_P \cdot \theta = \underbrace{M_{P1} \times \theta_1}_{B} + \underbrace{M_{P1} \times \theta_2}_{C} + \underbrace{M_{P3} \times \theta_3}_{D}$$

A 点には塑性ヒンジがないため、加算しない。

図 - 1 のような鉛直荷重 100kN、水平荷重 P が作用するラーメンにおいて、水平荷重 P を増大させたとき、荷重 P_u で塑性崩壊に至り、図 - 2 のような崩壊機構を示した。このときの P_u の値を求めよ。ただし、柱、梁の全塑性モーメント M_P の値はそれぞれ 300kN•m、200kN•m とする。

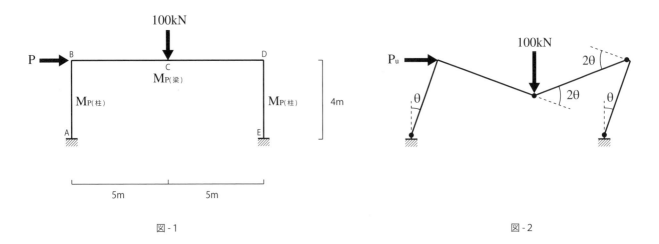

図 - 1

図 - 2

❶ 外力による仕事量 $\Sigma P_u \cdot \delta$

外力の数だけ加算する

崩壊荷重に荷重方向の変位量 δ を乗じた値の総和を求める。

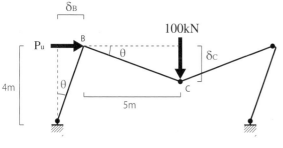

$$\Sigma P_u \cdot \delta = \underset{B}{P_u \times \delta_B} + \underset{C}{100kN \times \delta_C} \qquad \cdots ①$$

微小角の公式により、δ_B および δ_C の値を求める。なお、B点は塑性ヒンジが形成されていない（崩壊していない）ため、接合部は 90° を保つ。そのため、下図のように $\theta_A = \theta_B$ の関係性が成り立ち、いずれも θ で計算できる。

公式

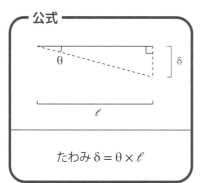

たわみ $\delta = \theta \times \ell$

$$\delta_B = \theta \times 4m \quad \cdots ②$$
$$\delta_C = \theta \times 5m \quad \cdots ③$$

①に②と③を代入する。

$$\Sigma P_u \cdot \delta = P_u \times \underset{\delta_B}{\theta \times 4m} + 100kN \times \underset{\delta_C}{\theta \times 5m}$$
$$= P_u \times 4m \times \theta + 500kN \cdot m \times \theta \quad \cdots ④$$

❷ 内力による仕事量 $\Sigma M_P \cdot \theta$

塑性ヒンジの数だけ加算する

各塑性ヒンジにおける全塑性モーメント M_P と回転角 θ を乗じた値の総和を求める。

B点は塑性ヒンジがないため、$\Sigma M_P \cdot \theta$ の計算には用いない

$M_{P(柱)} = 300kN \cdot m$、$M_{P(梁)} = 200kN \cdot m$ であるため、D点付近の塑性ヒンジは全塑性モーメント M_P の小さい「梁」側に形成される。

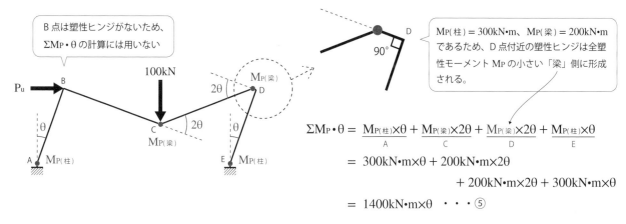

$$\Sigma M_P \cdot \theta = \underset{A}{M_{P(柱)} \times \theta} + \underset{C}{M_{P(梁)} \times 2\theta} + \underset{D}{M_{P(梁)} \times 2\theta} + \underset{E}{M_{P(柱)} \times \theta}$$
$$= 300kN \cdot m \times \theta + 200kN \cdot m \times 2\theta$$
$$+ 200kN \cdot m \times 2\theta + 300kN \cdot m \times \theta$$
$$= 1400kN \cdot m \times \theta \quad \cdots ⑤$$

外力による仕事量 $\Sigma P_u \cdot \delta$ ＝ 内力による仕事量 $\Sigma M_P \cdot \theta$

「$\Sigma P_u \cdot \delta = \Sigma M_P \cdot \theta$」 および ④、⑤より

$$P_u \times 4m \times \theta + 500kN \cdot m \times \theta = 1400kN \cdot m \times \theta$$
$$P_u \times 4m \times \theta = 1400kN \cdot m \times \theta - 500kN \cdot m \times \theta$$
$$P_u \times 4m = 900kN \cdot m$$

答 $\underline{P_u = 225kN}$

公式

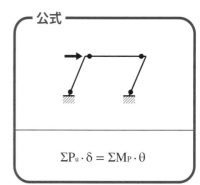

$\Sigma P_u \cdot \delta = \Sigma M_P \cdot \theta$

基本問題　No.54

図-1 のような水平荷重 P を受けるラーメンにおいて、水平荷重 P を増大させたとき、そのラーメンは図-2 のような崩壊機構を示した。このとき、ラーメンの崩壊荷重 P_u の値を求めよ。ただし、柱、梁の全塑性モーメントの値は、それぞれ 400kN・m、200kN・m とする。

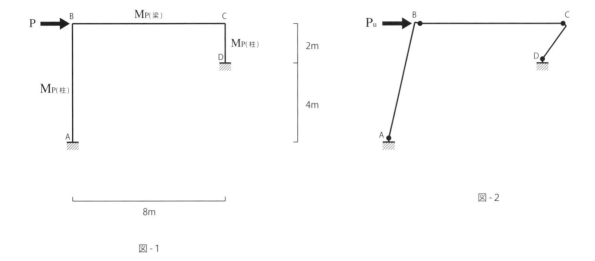

図 - 1

図 - 2

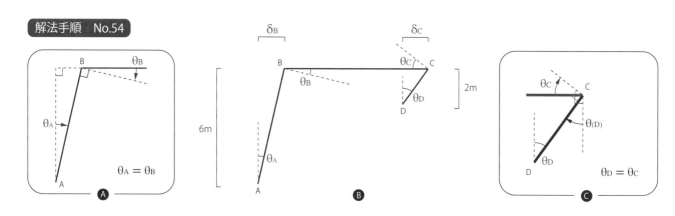

[崩壊機構における各点の角度]

[**B** 図] B、C 点の水平変位量 δ_B、δ_C を微小角の公式により求める。

$$\delta_B = \theta_A \times 6m \qquad \cdots ①$$
$$\delta_C = \theta_D \times 2m \qquad \cdots ②$$

なお、B、C 点は BC 材としてつながっているため、それぞれの変位量 δ_B、δ_C は等しい。

「$\delta_B = \delta_C$」および ①、② より

$$\theta_A \times 6m = \theta_D \times 2m$$
$$3\theta_A = \theta_D$$

加えて、[**A** 図]、[**C** 図] より $\theta_A = \theta_B$、$\theta_D = \theta_C$ であることから、$\theta_A = \theta$ として以上をまとめると、崩壊機構の各回転角は左上図のようになる。

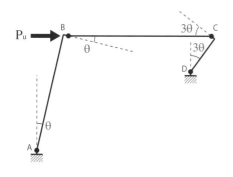

❶ 外力による仕事量 $\Sigma P_u \cdot \delta$

崩壊荷重 P_u に荷重方向の変位量 δ を乗じた値の総和を求める。

$$\Sigma P_u \cdot \delta = P_u \times \delta_B$$

> 微小角の公式より、$\delta_B = \theta \times 6m$

$$= P_u \times \theta \times 6m \qquad \cdots ③$$

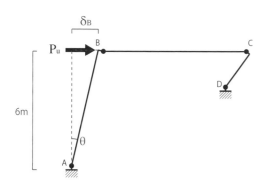

❷ 内力による仕事量 $\Sigma M_P \cdot \theta$

各塑性ヒンジにおける全塑性モーメント M_P と回転角 θ を乗じた値の総和を求める。なお、$M_{P(柱)} = 400kN\cdot m$、$M_{P(梁)} = 200kN\cdot m$ であるため、B、C 点付近の塑性ヒンジは全塑性モーメント M_P の小さい「梁」側に形成されるものとして計算する。

$$\Sigma M_P \cdot \theta = \underset{A}{M_{P(柱)} \times \theta} + \underset{B}{M_{P(梁)} \times \theta} + \underset{C}{M_{P(梁)} \times 3\theta} + \underset{D}{M_{P(柱)} \times 3\theta}$$
$$= 400kN\cdot m \times \theta + 200kN\cdot m \times \theta$$
$$+ 200kN\cdot m \times 3\theta + 400kN\cdot m \times 3\theta$$
$$= 2400kN\cdot m \times \theta \qquad \cdots ④$$

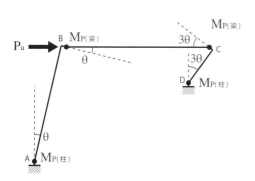

外力による仕事量 $\Sigma P_u \cdot \delta$ = 内力による仕事量 $\Sigma M_P \cdot \theta$

「$\Sigma P_u \cdot \delta = \Sigma M_P \cdot \theta$」および ③、④ より

$$P_u \times 6m \times \theta = 2400kN\cdot m \times \theta$$

答 $\underline{P_u = 400kN}$

[崩壊機構から M 図を描く]

全塑性モーメント M_P とは、全断面が降伏応力度 σ_y に達した状態のモーメント荷重であり、部材に全塑性モーメント M_P が生じることによって塑性ヒンジ（図中の黒丸 ●）が形成される。すなわち、崩壊機構において、塑性ヒンジ位置の全塑性モーメント M_P の値は、M 図における各点の値と相応する。

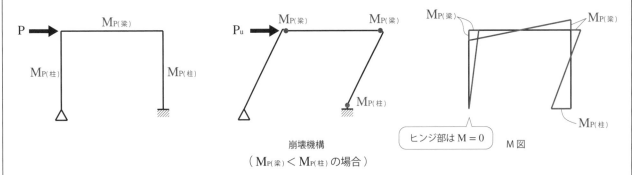

崩壊機構
（ $M_{P(梁)} < M_{P(柱)}$ の場合 ）

ヒンジ部は M = 0 ・ M 図

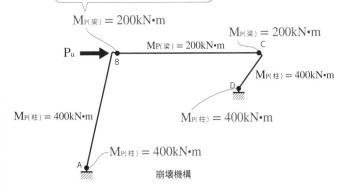

節合部の塑性ヒンジは、$M_{P(梁)}$ と $M_{P(柱)}$ の小さい方の M_P である。

$M_{P(梁)} = 200kN\cdot m$

$M_{P(梁)} = 200kN\cdot m$

$M_{P(梁)} = 200kN\cdot m$

$M_{P(柱)} = 400kN\cdot m$

$M_{P(柱)} = 400kN\cdot m$

$M_{P(柱)} = 400kN\cdot m$

$M_{P(柱)} = 400kN\cdot m$

崩壊機構

基本問題　No.54（再）

❶ 崩壊機構から M 図を描く

変形時に引張力が生じる側に M 図の外形を描き、各塑性ヒンジ位置に M_P の値を示すことで、M 図を描くことができる。

❷ M 図の傾きより、両柱に生じるせん断応力 Q の値を求める（参照：p.144）。

$$Q_1 = \frac{200kN\cdot m + 400kN\cdot m}{6m}$$

$$= 100kN \quad \cdots ①$$

$$Q_2 = \frac{200kN\cdot m + 400kN\cdot m}{2m}$$

$$= 300kN \quad \cdots ②$$

❸ 水平方向のつり合い条件式より、崩壊荷重 P_u の値を求める。

$\Sigma X = 0$ および①、②より

$$P_u - Q_1 - Q_2 = 0$$

$$P_u - 100kN - 300kN = 0$$

答　$P_u = 400kN$

「外力による仕事量 $\Sigma P_u \cdot \delta =$ 内力による仕事量 $\Sigma M_P \cdot \theta$」を用いた解法と同じ答えになる（参照：p.177）。

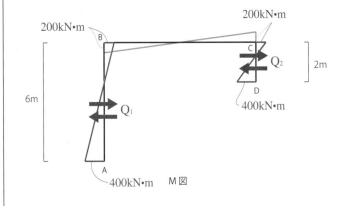

200kN·m

200kN·m

Q_2

2m

6m

Q_1

A

400kN·m ・ M 図

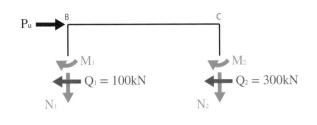

P_u

B

C

M_1

M_2

$Q_1 = 100kN$

$Q_2 = 300kN$

N_1

N_2

図 - 1 のような水平荷重 P を受けるラーメンにおいて、水平荷重 P を増大させたとき、そのラーメンは図 - 2 のような崩壊機構を示した。このとき、ラーメンの崩壊荷重 P_u の値を求めよ。ただし、柱、梁の全塑性モーメントの値は、それぞれ 300kN•m、200kN•m とする。

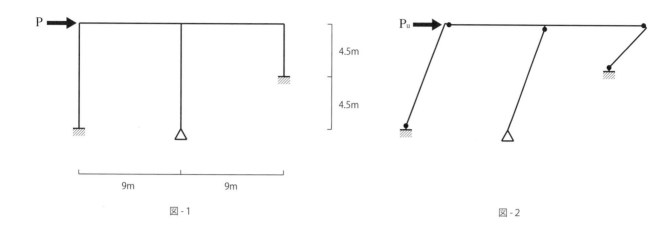

図 - 1

図 - 2

練習 12-2（解答 p.207）

図 - 1 のような水平荷重が作用するラーメンにおいて、水平荷重 P を増大させたとき、荷重 P_u で塑性崩壊に至り、図 - 2 のような崩壊機構を示した。このときの一層の保有水平耐力を求めよ。ただし、柱、梁の全塑性モーメントはそれぞれ 600kN·m、350kN·m とする。

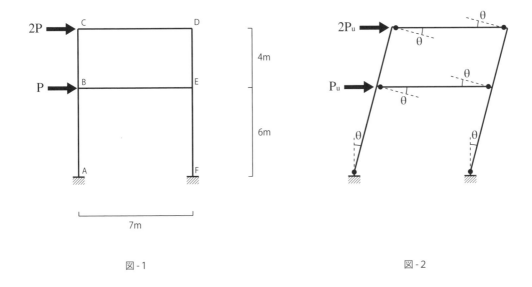

図 - 1

図 - 2

補足

保有水平耐力とは、**建築物が地震力によって崩壊機構を形成する場合の柱、耐力壁および筋かいが負担する水平せん断力の和**である。すなわち、この問題で求められている一層の保有水平耐力とは、崩壊時における一層（1 階）の層せん断力（参照：p.151）であり、柱 AB に作用するせん断応力 Q_{AB} と柱 EF に作用するせん断応力 Q_{EF} の和として算出する。

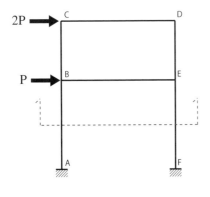

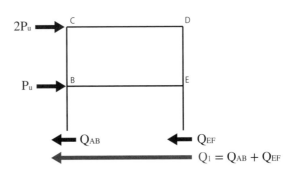

補章
複数項目融合

第8章 静定・不静定の判別

$$m = (n + s + r) - 2k$$

$m < 0$ ・・・ 不安定

$m = 0$ ・・・ 安定、静定

$m > 0$ ・・・ 安定、不静定

第9章 不静定の反力・応力

たわみ

$$\delta = \frac{P\ell^3}{3EI}$$

$$\delta = \theta \cdot \ell$$

$$\theta = \frac{P\ell^2}{2EI}$$

$$
\begin{cases}
\Sigma X = 0 \\
\Sigma Y = 0 \\
\Sigma M = 0
\end{cases}
$$

+

or

剛度

$$EI$$

$$K = \frac{EI}{\ell}$$

$$M_a : M_b = K_a : K_b$$

or

M図

$$Q = \frac{M_a + M_b}{\ell}$$

（Q の値＝M 図の傾き）

第11章 全塑性

$$M_P = T \times j = C \times j$$

$$\sigma_y = \frac{M_P}{Z_P}$$

$$Z_P = \frac{bh^2}{4}$$

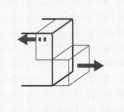

第10章 地震応答

水平剛性

$$K = \frac{12EI}{h^3}$$

$$K = \frac{3EI}{h^3}$$

$$K = 0$$

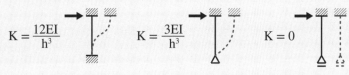

負担せん断力

$$Q = K \cdot \delta$$

$$\left(K = \frac{Q}{\delta} \right)$$

振動

$$T = 2\pi\sqrt{\frac{m}{K}}$$

$$Q = m \cdot S_a$$

第12章 崩壊

$$\Sigma P_u \cdot \delta = \Sigma M_P \cdot \theta$$

$$Q = \frac{M_a + M_b}{\ell}$$

$$\delta = \theta \cdot \ell$$

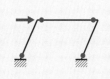

（複数項目融合）

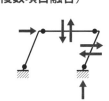

図 - 1 のような水平荷重が作用するラーメンにおいて、水平荷重 P を増大させたとき、荷重 P_u で塑性崩壊に至り、図 - 2 のような崩壊機構を示した。このとき、F 点に生じる反力 H_F、V_F、M_F の値を求めよ。ただし、最上階梁および 2 階梁の全塑性モーメントはそれぞれ 200kN・m、400kN・m とし、1 階の柱脚の全塑性モーメントは 600kN・m とする。

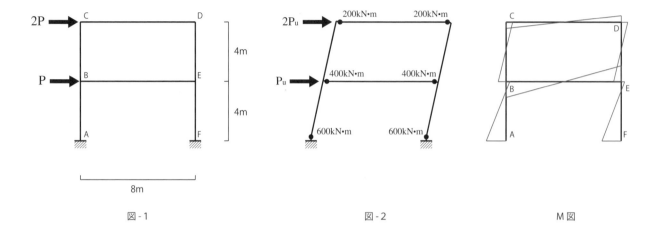

図 - 1　　　　　　　　　図 - 2　　　　　　　　　M 図

右下図に示しているように、M 図における各点のモーメント荷重の値は、図 - 2 で示されていた全塑性モーメント M_P と等しい。また、支点位置における全塑性モーメントの値はモーメント反力の大きさとも等しいため（参照：p.47）、F 点に生じる反力のうち、モーメント反力 M_F の大きさは 　答 $\underline{M_F = 600kN\cdot m（\circlearrowleft）}$ である。なお、E 点に関しては塑性ヒンジが梁側にできていることから、梁端の値である M_{EB} が 400kN•m であり、柱端モーメント M_{ED} と M_{EF} の値は不明なままである（B 点も同様に、柱端 M_{BA} と M_{BC} の値は不明なまま）。

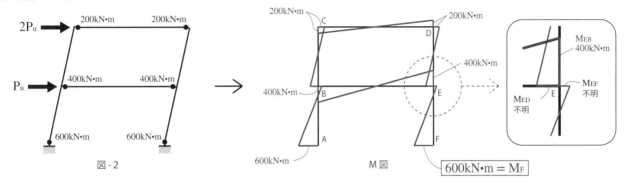

図 - 2　　　　　　　　　　　　　　　　M 図　　　　　　　　　　　　　600kN•m = M_F

M 図とせん断力の関係　　　　　　　　　　　　　　　　　　　　　　　　　　　　参考 p.144

せん断応力 Q の値は、モーメント図の傾き（材端モーメントの和を材長で除した値）と等しい。この関係を用いることで、各梁部材に生じるせん断応力 Q の値を求める。

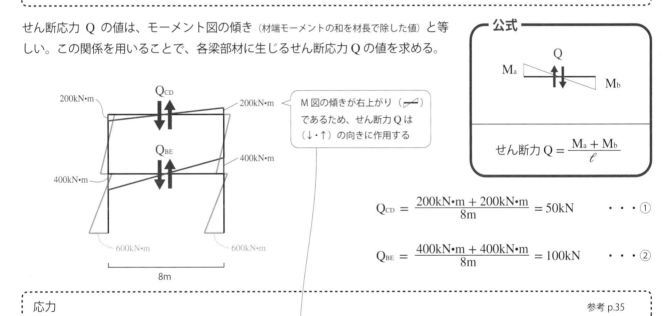

M 図の傾きが右上がり（⤢）であるため、せん断力 Q は（↓・↑）の向きに作用する

公式

せん断力 $Q = \dfrac{M_a + M_b}{\ell}$

$$Q_{CD} = \frac{200kN\cdot m + 200kN\cdot m}{8m} = 50kN \qquad \cdots ①$$

$$Q_{BE} = \frac{400kN\cdot m + 400kN\cdot m}{8m} = 100kN \qquad \cdots ②$$

応力　　　　　　　　　　　　　　　　　　　　　　　　　　　　　　　　　　　参考 p.35

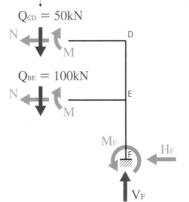

$Q_{CD} = 50kN$

$Q_{BE} = 100kN$

左図のように a~a 位置で切断した構造モデルを用いて、つり合い条件式より F 点の鉛直反力 V_F を求める。

ΣY=0 および①、②より

$$-Q_{CD} - Q_{BE} + V_F = 0$$

$$-50kN - 100kN + V_F = 0$$

答 $\underline{V_F = 150kN（↑）}$

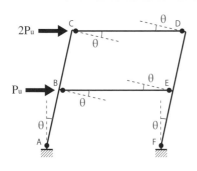

図-2の崩壊機構における各点の回転角はいずれも等しい。そのため、いずれの回転角もθとして計算する。

$$\theta_A = \theta_B = \theta_C = \theta_D = \theta_E = \theta_F = \theta$$

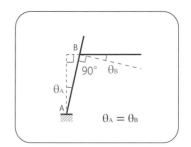

$\theta_A = \theta_B$

❶ 外力による仕事量 $\Sigma P_u \cdot \delta$

崩壊荷重 P_u に荷重方向の変位量 δ を乗じた値の総和を求める。

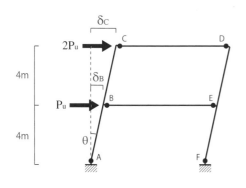

$$\Sigma P_u \cdot \delta = \underset{B}{\underline{P_u \times \delta_B}} + \underset{C}{\underline{2P_u \times \delta_C}}$$

微小角の公式により δ_B、δ_C の値を求める。

$$\delta_B = \theta \times 4m$$
$$\delta_C = \theta \times 8m$$

$$\Sigma P_u \cdot \delta = P_u \times \theta \times 4m + 2P_u \times \theta \times 8m$$
$$= 20P_u \times \theta \qquad \cdots ③$$

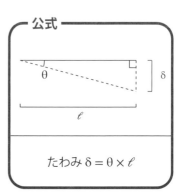

公式

θ　　　　　δ
　　　　　ℓ

たわみ $\delta = \theta \times \ell$

❷ 内力による仕事量 $\Sigma M_P \cdot \theta$

各塑性ヒンジにおける全塑性モーメント M_P と回転角 θ を乗じた値の総和を求める。

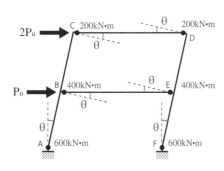

$$\Sigma M_P \cdot \theta = \underset{A}{\underline{600 \times \theta}} + \underset{B}{\underline{400 \times \theta}} + \underset{C}{\underline{200 \times \theta}}$$
$$+ \underset{D}{\underline{200 \times \theta}} + \underset{E}{\underline{400 \times \theta}} + \underset{F}{\underline{600 \times \theta}}$$
$$= 2400 \times \theta \qquad \cdots ④$$

外力による仕事量 $\Sigma P_u \cdot \delta$ ＝ 内力による仕事量 $\Sigma M_P \cdot \theta$

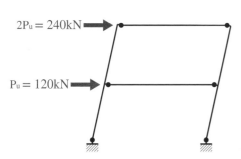

「$\Sigma P_u \cdot \delta = \Sigma M_P \cdot \theta$」および
③、④より

$$20P_u \times \theta = 2400 \times \theta$$
$$P_u = 120kN \qquad \cdots ⑤$$

$$2P_u = 2 \times 120kN$$
$$= 240kN$$

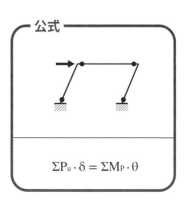

公式

$\Sigma P_u \cdot \delta = \Sigma M_P \cdot \theta$

下図のように b~b 位置で切断し、つり合い条件式を用いて 1 階の柱に生じるせん断応力 Q_{BA} および Q_{EF} を求める。なお、左右の柱は同条件であるため応力の値は等しく、$Q_{BA} = Q_{EF}$ が成り立つ。

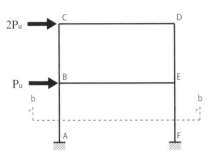

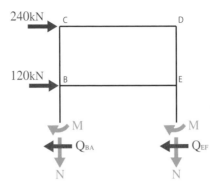

$\Sigma X = 0$ および「$Q_{BA} = Q_{EF}$」、

⑤（$P_u = 120kN$）より

$240kN + 120kN - Q_{BA} - Q_{EF} = 0$

$240kN + 120kN - 2Q_{EF} = 0$

$Q_{EF} = 180kN$　　　・・・⑥

補足

下図のように、せん断応力 Q と材端に生じるモーメント応力 M の関係性より、M_{EF} を求めることができる（参照：p.144）。また、右下図のように E 点周りのモーメントのつり合いを用いることで、M_{ED} も算出できる。

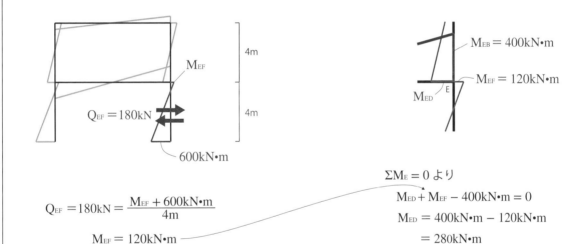

$Q_{EF} = 180kN = \dfrac{M_{EF} + 600kN\cdot m}{4m}$

$M_{EF} = 120kN\cdot m$

$\Sigma M_E = 0$ より

$M_{ED} + M_{EF} - 400kN\cdot m = 0$

$M_{ED} = 400kN\cdot m - 120kN\cdot m$

$= 280kN\cdot m$

下図のように c~c 位置で切断し、つり合い条件式を用いて F 点の水平反力 H_F を求める。

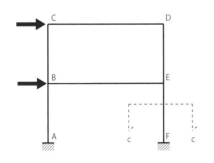

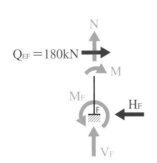

$\Sigma X = 0$ および⑥より

$Q_{EF} - H_F = 0$

$180kN - H_F = 0$

答　$\underline{H_F = 180kN \ (\leftarrow)}$

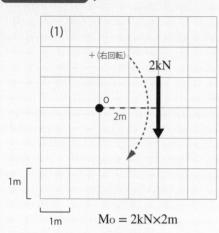

(1)

$M_0 = 2kN \times 2m$

答 $= \underline{4kN \cdot m}$

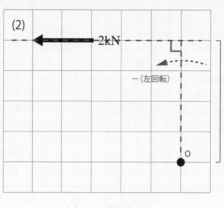

(2)

$M_0 = -2kN \times 4m$

答 $= \underline{-8kN \cdot m}$

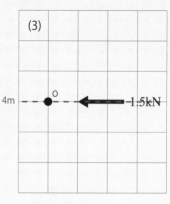

(3)

$M_0 = 1.5kN \times 0m$

答 $= \underline{0}$

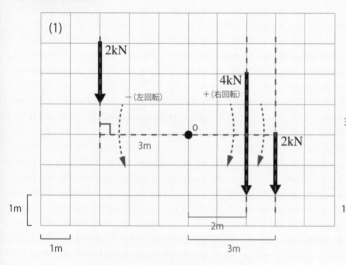

(1)

$M_0 = -2kN \times 3m + 4kN \times 2m + 2kN \times 3m$

$= -6kN \cdot m + 8kN \cdot m + 6kN \cdot m$

答 $= \underline{8kN \cdot m}$

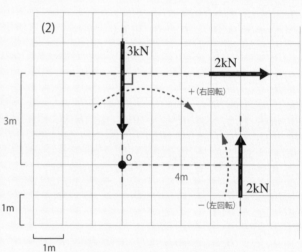

(2)

$M_0 = 3kN \times 0m + 2kN \times 3m - 2kN \times 4m$

$= 0kN \cdot m + 6kN \cdot m - 8kN \cdot m$

答 $= \underline{-2kN \cdot m}$

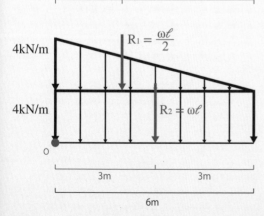

等変分布荷重を合力 R_1 に置き換える。

$R_1 = \dfrac{4kN/m \times 6m}{2} = 12kN$　・・・②

等分布荷重を合力 R_2 に置き換える。

$R_2 = 4kN/m \times 6m = 24kN$　・・・①

①、②より M_0 を求める。

$M_0 = R_1 \times 2m + R_2 \times 3m$

$= 12kN \times 2m + 24kN \times 3m$

答 $= \underline{96kN \cdot m}$

解答　練習 1-4 p.16

(1)

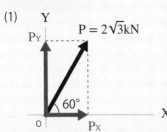

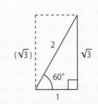

「$P_X : P_Y : P = 1 : \sqrt{3} : 2$」「$P = 2\sqrt{3}kN$」より

$$P_X \times 2 = 2\sqrt{3}kN \times 1$$

答 $\underline{P_X = \sqrt{3}kN}$

$$P_Y \times 2 = 2\sqrt{3}kN \times \sqrt{3}$$

答 $\underline{P_Y = 3kN}$

(2)

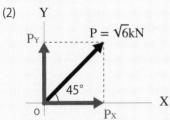

「$P_X : P_Y : P = 1 : 1 : \sqrt{2}$」「$P = \sqrt{6}kN$」より

$$P_X \times \sqrt{2} = \sqrt{6}kN \times 1$$

答 $\underline{P_X = \sqrt{3}kN}$

$$P_Y \times \sqrt{2} = \sqrt{6}kN \times 1$$

答 $\underline{P_Y = \sqrt{3}kN}$

(3)

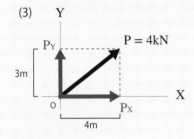

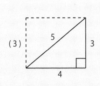

「$P_X : P_Y : P = 4 : 3 : 5$」「$P = 4kN$」より

$$P_X \times 5 = 4kN \times 4$$

答 $\underline{P_X = \dfrac{16}{5}kN}$

$$P_Y \times 5 = 4kN \times 3$$

答 $\underline{P_Y = \dfrac{12}{5}kN}$

解答　練習 1-5 p.16

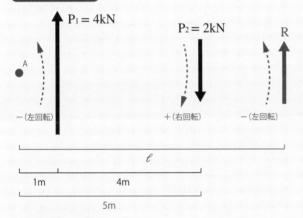

P_1 と P_2 は逆向きに平行であるため、合力 R の大きさは P_1 と P_2 の差として求められる。

$$R = P_1 - P_2 = 4kN - 2kN = \underset{答}{\underline{2kN}} \ (\uparrow)$$

A 点から合力 R までの距離を ℓ とし、「合力によって生じるモーメント」と「合成前の力によって生じるモーメントの総和」は等しいという関係を用いる。

$$-R \times \ell = -P_1 \times 1m + P_2 \times 5m$$

$$-2kN \times \ell = -4kN \times 1m + 2kN \times 5m$$

答 $\ell = -\underline{3m}$ ◁ 答えが「－」なので、合力 R は A 点の左側 3m の位置に作用する

解答　練習 1-6 p.16

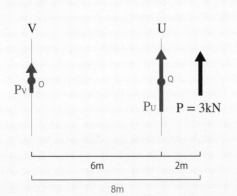

V、U 軸上に O 点、Q 点を置く。

[O 点を基点としたモーメント M_O]

$$P_V \times 0m - P_U \times 6m = -P \times 8m$$

$$-6P_U = -3kN \times 8m$$

答 $\underline{P_U = 4kN} \ (\uparrow)$

[Q 点を基点としたモーメント M_Q]

$$P_V \times 6m + P_U \times 0m = -P \times 4m$$

$$6P_V = -3kN \times 2m$$

$$P_V = -1kN$$

答 $\underline{P_V = 1kN} \ (\downarrow)$

答えが「－」ということは、V 軸上に置いた分力 P_V の向き（上向き）が正しくなかったことを意味する。実際には下向きに 1kN の力が作用する。

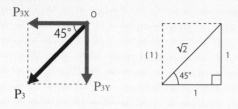

斜めに作用する荷重 P_3 を、45°45°90° の三角比「$1:1:\sqrt{2}$」を用いて X 軸、Y 軸方向に分解する。

つり合い条件式により、P_{3X} と P_{3Y} の値を算出する。

$$\Sigma X = 0、「P_2 = 1kN」より$$
$$-P_{3X} + 1kN = 0$$
$$P_{3X} = 1kN \qquad \cdots ①$$

$$\Sigma Y = 0、「P_1 = 1kN」より$$
$$1kN - P_{3Y} = 0$$
$$P_{3Y} = 1kN \qquad \cdots ②$$

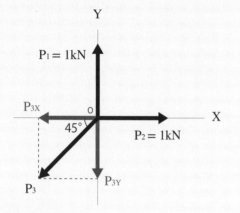

「$P_{3X}:P_{3Y}:P_3 = 1:1:\sqrt{2}$」および ①、②より
$$1kN:1kN:P_3 = 1:1:\sqrt{2}$$
$$答 \underline{P_3 = \sqrt{2}kN}$$

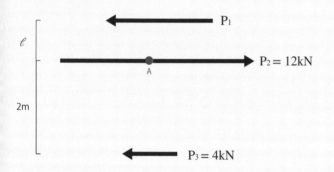

$$\Sigma X = 0 および「P_2 = 12kN」「P_3 = 4kN」より$$
$$-P_1 + 12kN - 4kN = 0$$
$$答 \underline{P_1 = 8kN}$$

A 点から P_1 までの距離を ℓ とする。

$$\Sigma M_A = 0 より$$
$$-P_1 \times \ell + P_2 \times 0m + P_3 \times 2m = 0$$
$$-8kN \times \ell + 12kN \times 0m + 4kN \times 2m = 0$$
$$答 \ell = \underline{1m}$$

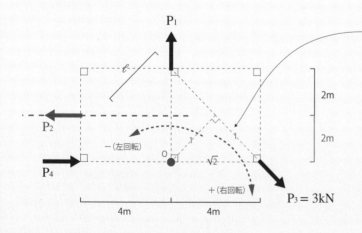

算出する必要のない P_1 と P_4 の作用線を引き、その交点を基点（O 点）してモーメントのつり合い条件式を用いる。

なお、P_3 までの垂直距離（左図の ℓ）は、45°45°90° の三角比より求める。

「$1:\sqrt{2} = \ell:4m$」より

有理化（参照：p.57）

$$\sqrt{2} \times \ell = 1 \times 4m$$
$$\ell = \frac{4}{\sqrt{2}}m = \frac{4}{\sqrt{2}}m \times \frac{\sqrt{2}}{\sqrt{2}} = 2\sqrt{2}m$$

$$\Sigma M_O = 0 および「P_3 = 3kN」「\ell = 2\sqrt{2}m」より$$
$$-P_2 \times 2m + P_4 \times 0m + P_1 \times 0m + P_3 \times \ell = 0$$
$$-P_2 \times 2m + 3kN \times 2\sqrt{2}m = 0$$
$$2P_2 = 6\sqrt{2}kN$$
$$答 \underline{P_2 = 3\sqrt{2}kN}$$

解答　練習 1-10　p.21

M_F（転倒モーメント）$= F \times h$
$= F \times 500\text{mm}$　・・・①

M_W（抵抗モーメント）$= W \times \ell$
$= W \times 150\text{mm}$　・・・②

「$M_F = M_W$」の関係から、水平力 F の重力 W に対する比
α（$= F / W$）の値を求める。

「$M_F = M_W$」および①、②より
$F \times 500\text{mm} = W \times 150\text{mm}$

$$\alpha = \frac{F}{W} = \frac{150\text{mm}}{500\text{mm}}$$

答　$\underline{0.30}$

解答　練習 2-1　p.28

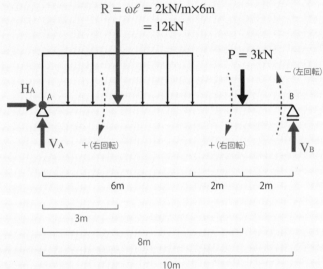

1. 各支点に反力を仮定する。

    回転支点の A 支点には水平反力 H_A と鉛直反力 V_A を、
    移動支点の B 支点には鉛直反力 V_B をそれぞれ仮定する。

2. つり合い条件式により、各反力を算出する。

    $\Sigma X = 0$ より
    答　$\underline{H_A = 0}$

    $\Sigma M_A = 0$ より
    $12\text{kN} \times 3\text{m} + 3\text{kN} \times 8\text{m} - V_B \times 10\text{m} = 0$
    $-10V_B = -60\text{kN} \cdot \text{m}$
    答　$\underline{V_B = 6\text{kN}（\uparrow）}$　・・・①

    $\Sigma Y = 0$、①より
    $V_A - 12\text{kN} - 3\text{kN} + V_B = 0$
    $V_A - 12\text{kN} - 3\text{kN} + 6\text{kN} = 0$
    答　$\underline{V_A = 9\text{kN}（\uparrow）}$

解答　練習 2-2　p.28

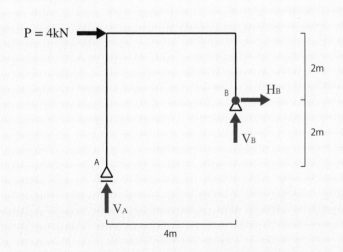

1. 各支点に反力を仮定する。

2. つり合い条件式により、各反力を算出する。

    $\Sigma X = 0$ より
    $4\text{kN} + H_B = 0$
    $H_B = -4\text{kN}$
    答　$\underline{H_B = 4\text{kN}（\leftarrow）}$

    $\Sigma M_B = 0$ より
    $4\text{kN} \times 2\text{m} + V_A \times 4\text{m} = 0$
    $4V_A = -8\text{kN} \cdot \text{m}$
    $V_A = -2\text{kN}$　　・・・①
    答　$\underline{V_A = 2\text{kN}（\downarrow）}$

    $\Sigma Y = 0$、①より
    $V_A + V_B = 0$
    $-2\text{kN} + V_B = 0$
    答　$\underline{V_B = 2\text{kN}（\uparrow）}$

解答 練習2-3 p.32

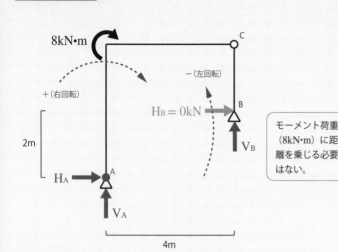

1. 各支点に反力を仮定する。

2. つり合い条件式により、各反力を算出する。

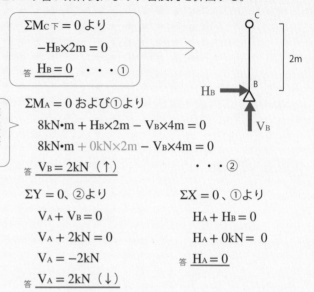

$\Sigma M_C 下 = 0$ より

$-H_B \times 2m = 0$

答 $\underline{H_B = 0}$ ・・・①

モーメント荷重（8kN・m）に距離を乗じる必要はない。

$\Sigma M_A = 0$ および①より

$8kN \cdot m + H_B \times 2m - V_B \times 4m = 0$

$8kN \cdot m + 0kN \times 2m - V_B \times 4m = 0$

答 $\underline{V_B = 2kN（\uparrow）}$ ・・・②

$\Sigma Y = 0$、②より

$V_A + V_B = 0$

$V_A + 2kN = 0$

$V_A = -2kN$

答 $\underline{V_A = 2kN（\downarrow）}$

$\Sigma X = 0$、①より

$H_A + H_B = 0$

$H_A + 0kN = 0$

答 $\underline{H_A = 0}$

解答 練習2-4 p.32

$[\Sigma M_C 左 = 0]$ $[\Sigma M_C 右 = 0]$

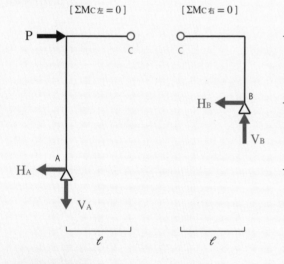

C点より左側の構造モデルおよびC点より右側の構造モデルを用いて、「$\Sigma M_C 左 = 0$」と「$\Sigma M_C 右 = 0$」を計算する。

$\Sigma M_C 左 = 0$ より

$P \times 0 + H_A \times 2\ell - V_A \times \ell = 0$

$2H_A = V_A$

答 $\underline{H_A：V_A = 1：2}$

$\Sigma M_C 右 = 0$ より

$H_B \times \ell - V_B \times \ell = 0$

$H_B = V_B$

答 $\underline{H_B：V_B = 1：1}$

解答 練習2-5 p.33

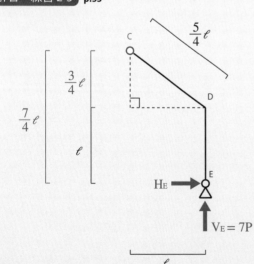

$\Sigma M_A = 0$ より

$14P \times \ell - V_E \times 2\ell = 0$

答 $\underline{V_E = 7P（\uparrow）}$ ・・・①

$\Sigma M_C 右 = 0$、①より

$-H_E \times \dfrac{7}{4}\ell - V_E \times \ell = 0$

$-H_E \times \dfrac{7}{4}\ell - 7P \times \ell = 0$

$H_E = -7P \times \dfrac{4}{7}$

$H_E = -4P$ ・・・②

答 $\underline{H_E = 4P（\leftarrow）}$

$\Sigma Y = 0$、①より

$V_A + V_E = 0$

$V_A + 7P = 0$

$V_A = -7P$

答 $\underline{V_A = 7P（\downarrow）}$

$\Sigma X = 0$、②より

$14P + H_A + H_E = 0$

$14P + H_A - 4P = 0$

$H_A = -10P$

答 $\underline{H_A = 10P（\leftarrow）}$

解答 練習 3-1 **p.42**

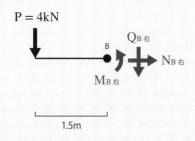

$P = 4\text{kN}$

1.5m

B 点から左側の構造モデルを用いると反力は関わらない。
このような場合には、反力計算を省略できる。

解答 練習 3-2 **p.42**

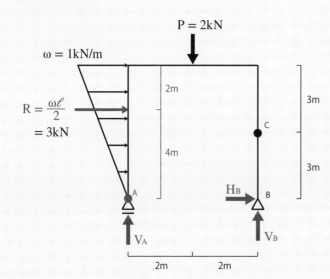

$\omega = 1\text{kN/m}$

$R = \dfrac{\omega\ell}{2}$
$= 3\text{kN}$

$P = 2\text{kN}$

2m

4m

3m

3m

A

H_B

B

V_A

V_B

2m   2m

C

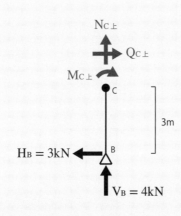

$N_{C上}$

$Q_{C上}$

$M_{C上}$

C

3m

$H_B = 3\text{kN}$

B

$V_B = 4\text{kN}$

---

1. B 点より左側の構造モデルに応力を仮定する。

（右から伝わってくる応力を仮定する）

2. つり合い条件式により、各応力を算出する。

$\Sigma X = 0$ より

$N_{B右} = 0$

答 $\underline{N_B = 0}$

$\Sigma Y = 0$ より

$-4\text{kN} - Q_{B右} = 0$

$Q_{B右} = -4\text{kN}$

答 $\underline{Q_B = 4\text{kN}\ (\downarrow\cdot\uparrow)}$

$\Sigma M_B = 0$ より

$-4\text{kN}\times1.5\text{m} - M_{B右} = 0$

$M_{B右} = -6\text{kN·m}$

答 $\underline{M_B = 6\text{kN·m}\ (\circlearrowright\cdot\circlearrowleft)}$

[反力]

1. 各支点に反力を仮定する。

2. つり合い条件式により、各反力を算出する。

$\Sigma X = 0$ より

$3\text{kN} + H_B = 0$

$H_B = -3\text{kN}$

$H_B = 3\text{kN}\ (\leftarrow)$

C 点より下側の構造モデルを
用いて応力の計算を行う場合
には、V_Aを算出しなくてもよ
い。

$\Sigma M_A = 0$ より

$3\text{kN}\times4\text{m} + 2\text{kN}\times2\text{m} - V_B\times4\text{m} = 0$

$V_B = 4\text{kN}\ (\uparrow)$

[応力]

1. C 点より下側の構造モデルに応力を仮定する。

2. つり合い条件式により、各応力を算出する。

$\Sigma X = 0$ より

$Q_{C上} - 3\text{kN} = 0$

$Q_{C上} = 3\text{kN}$

答 $\underline{Q_C = 3\text{kN}\ (\overset{\rightarrow}{\leftarrow})}$

$\Sigma Y = 0$ より

$N_{C上} + 4\text{kN} = 0$

$N_{C上} = -4\text{kN}$

答 $\underline{N_C = 4\text{kN}\ (\overset{\downarrow}{\cdot}\ {\uparrow})}$

$\Sigma M_C = 0$ より

$M_{C上} + 3\text{kN}\times3\text{m} = 0$

$M_{C上} = -9\text{kN·m}$

答 $\underline{M_C = 9\text{kN·m}\ (\overset{\circlearrowright}{\circlearrowleft})}$

左図のように支点が無い側の構造モデルを用いると、反力計算を省略することができる。

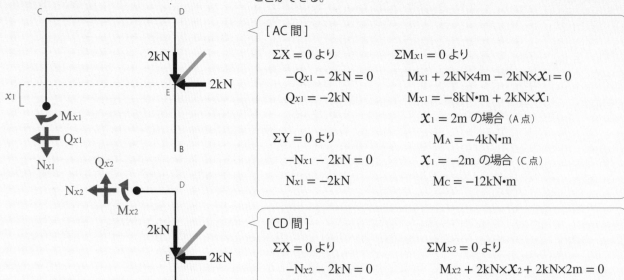

[AC 間]

$\Sigma X = 0$ より

$-Q_{x1} - 2kN = 0$

$Q_{x1} = -2kN$

$\Sigma Y = 0$ より

$-N_{x1} - 2kN = 0$

$N_{x1} = -2kN$

$\Sigma M_{x1} = 0$ より

$M_{x1} + 2kN \times 4m - 2kN \times x_1 = 0$

$M_{x1} = -8kN \cdot m + 2kN \times x_1$

$x_1 = 2m$ の場合 (A 点)

$M_A = -4kN \cdot m$

$x_1 = -2m$ の場合 (C 点)

$M_C = -12kN \cdot m$

[CD 間]

$\Sigma X = 0$ より

$-N_{x2} - 2kN = 0$

$N_{x2} = -2kN$

$\Sigma Y = 0$ より

$Q_{x2} - 2kN = 0$

$Q_{x2} = 2kN$

$\Sigma M_{x2} = 0$ より

$M_{x2} + 2kN \times x_2 + 2kN \times 2m = 0$

$M_{x2} = -4kN \cdot m - 2kN \times x_2$

$x_2 = 4m$ の場合 (C 点)

$M_C = -12kN \cdot m$

$x_2 = 0m$ の場合 (D 点)

$M_D = -4kN \cdot m$

[DE 間]

$\Sigma X = 0$ より

$Q_{x3} - 2kN = 0$

$Q_{x3} = 2kN$

$\Sigma Y = 0$ より

$N_{x3} - 2kN = 0$

$N_{x3} = 2kN$

$\Sigma M_{x3} = 0$ より

$M_{x3} + 2kN \times x_3 = 0$

$M_{x3} = -2kN \times x_3$

$x_3 = 2m$ の場合 (D 点)

$M_D = -4kN \cdot m$

$x_3 = 0m$ の場合 (E 点)

$M_E = 0kN \cdot m$

[EB 間]

$\Sigma X = 0$ より

$N_{x4} = 0$

$\Sigma Y = 0$ より

$Q_{x4} = 0$

$\Sigma M_{x4} = 0$ より

$M_{x4} = 0$

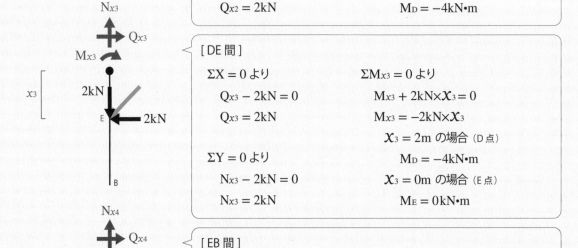

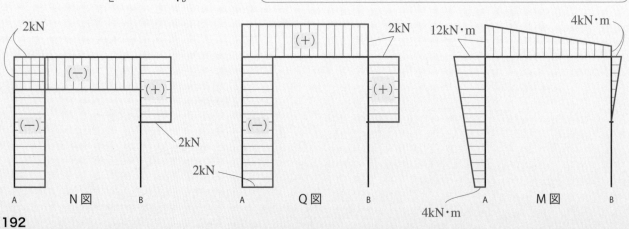

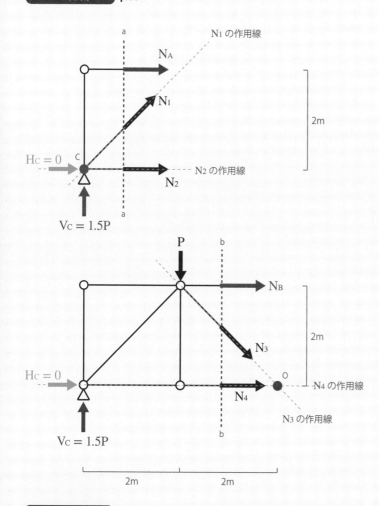

[反力]

左右の支点を C、D とし、それぞれの支点に反力を仮定した上でつり合い条件式を用いる。

$\Sigma X = 0$ より

$\quad H_C = 0$

$\Sigma M_D = 0$ より

$\quad V_C \times 8m - P \times 6m - P \times 4m - P \times 2m = 0$

$\quad V_C = 1.5P$（↑）

[応力]

a~a 位置で切断した構造モデルにて、つりあい条件式を用いる。

$\Sigma M_C = 0$

$\quad N_A \times 2m = 0$

答　$\underline{N_A = 0}$

b~b 位置で切断した構造モデルにて、つりあい条件式を用いる。

$\Sigma M_O = 0$

$\quad 1.5P \times 4m - P \times 2m + N_B \times 2m = 0$

答　$\underline{N_B = -2P（圧縮）}$

> 答えが「−」であるため、N_B は圧縮「→・←」の軸方向力である。

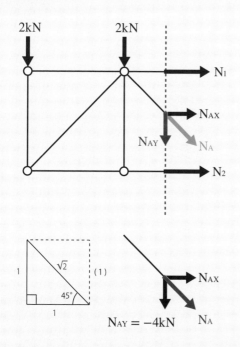

部材 A の位置で切断し、左側の構造モデルを用いて応力を算出する。

なお、斜めに作用する荷重は、計算を容易にするため水平荷重 N_{AX} と鉛直荷重 N_{AY} に分割する。

このとき、水平方向は N_1、N_{AX}、N_2 と変数が多いのに対し、鉛直方向の変数は N_{AY} のみである。そこで、鉛直方向のつり合い条件式「$\Sigma Y = 0$」を用いて N_{AY} を算出する。

$\Sigma Y = 0$ より

$\quad -2kN - 2kN - N_{AY} = 0$

$\quad N_{AY} = -4kN \qquad \cdots ①$

N_{AY} の値および直角三角形の辺の比を用いて、分割前の荷重 N_A を算出する。

「$N_{AX} : N_{AY} : N_A = 1 : 1 : \sqrt{2}$」、①より

$\quad N_A \times 1 = N_{AY} \times \sqrt{2}$

$\quad N_A = -4kN \times \sqrt{2}$

答　$\underline{= -4\sqrt{2}kN（圧縮）}$

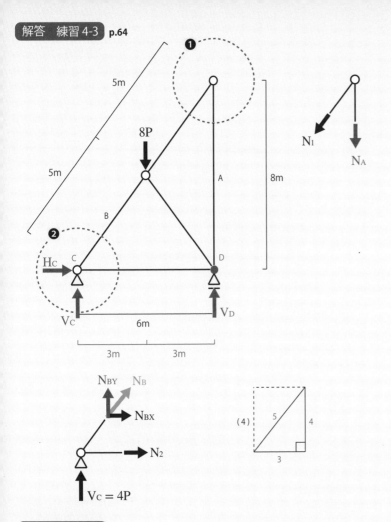

[反力]

$\Sigma M_D = 0$ より

$V_C \times 6m - 8P \times 3m = 0$

$V_C = 4P$（↑）

$\Sigma X = 0$ より

$H_C = 0$

[応力]

節点❶まわりのつり合い（L字のつり合い）

荷重や反力を受けておらず、2つの部材が角度をもって接合しているため、N_A および N_1 は0部材である。　　　答 $\underline{N_A = 0}$

節点❷まわりのつり合い

節点まわりの各部材に軸方向力を仮定し、つり合い条件式により N_B を求める。なお、N_B は斜めに作用するため、水平荷重 N_{BX} と鉛直荷重 N_{BY} に分割して計算する。

$\Sigma Y = 0$ より

$4P + N_{BY} = 0$

$N_{BY} = -4P$　　・・・①

N_{BX} の値および3:4:5の三角比を用いて、分割前の荷重 N_B を算出する。

「$N_{BX} : N_{BY} : N_B = 3 : 4 : 5$」、①より

$N_B \times 4 = N_{BY} \times 5$

$N_B = -4P \times \dfrac{5}{4}$

答 $\underline{= -5P（圧縮）}$

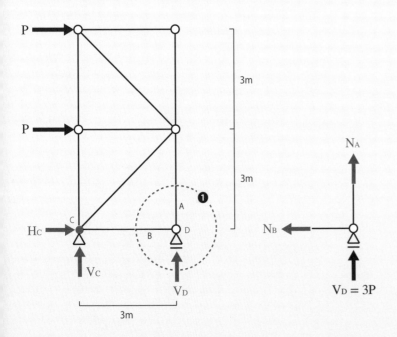

[反力]

左右の支点を C、D とし、それぞれの支点に反力を仮定した上でつり合い条件式を用いる。

$\Sigma M_C = 0$ より

$P \times 6m + P \times 3m - V_D \times 3m = 0$

$V_D = 3P$（↑）　・・・①

[応力]

節点❶まわりのつり合い（T字のつり合い）

節点まわりの各部材に軸方向力を仮定し、つり合い条件式により N_A と N_B を求める。なお、N_A と V_D は一直線上にあるため、この2力でつり合い、N_B は0部材である。

$\Sigma Y = 0$、①より

$N_A + V_D = 0$

$N_A + 3P = 0$

答 $\underline{N_A = -3P（圧縮）}$

T字のつり合いより（$\Sigma X = 0$ より）

答 $\underline{N_B = 0}$

矩形（長方形）断面以外の断面一次モーメントは、複数の矩形断面に分割して考える。

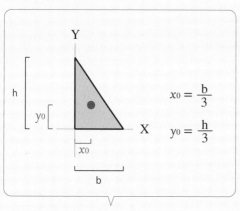

[X 軸に関する断面一次モーメント S_X]

$$S_X = S_{X1} + S_{X2} \quad \cdots ①$$

$$S_X = A \times y_0 \quad \cdots ②$$

①、②より

$$A \times y_0 = A_1 \times y_{01} + A_2 \times y_{02}$$

$$\underbrace{(60 \times 20 + 20 \times 40)}_{A} \times y_0 = \underbrace{(60 \times 20)}_{A_1} \times \underbrace{70}_{y_{01}} + \underbrace{(20 \times 40)}_{A_2} \times \underbrace{40}_{y_{02}}$$

答　$\underline{y_0 = 58mm}$

[Y 軸に関する断面一次モーメント S_Y]

$$S_Y = S_{Y1} + S_{Y2} \quad \cdots ③$$

$$S_Y = A \times x_0 \quad \cdots ④$$

③、④より

$$A \times x_0 = A_1 \times x_{01} + A_2 \times x_{02}$$

$$\underbrace{(60 \times 20 + 20 \times 40)}_{A} \times x_0 = \underbrace{(60 \times 20)}_{A_1} \times \underbrace{50}_{x_{01}} + \underbrace{(20 \times 40)}_{A_2} \times \underbrace{50}_{x_{02}}$$

答　$\underline{x_0 = 50mm}$

[X 軸に関する断面一次モーメント S_X]

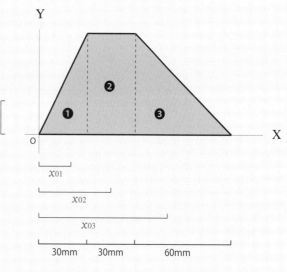

$$x_0 = \frac{b}{3}$$

$$y_0 = \frac{h}{3}$$

$$A \times y_0 = A_1 \times y_{01} + A_2 \times y_{02} + A_3 \times y_{03}$$

$$\underbrace{(\frac{30 \times 60}{2} + 30 \times 60 + \frac{60 \times 60}{2})}_{A} \times y_0 = \underbrace{(\frac{30 \times 60}{2})}_{A_1} \times \underbrace{20}_{y_{01}} + \underbrace{(30 \times 60)}_{A_2} \times \underbrace{30}_{y_{02}} + \underbrace{(\frac{60 \times 60}{2})}_{A_3} \times \underbrace{20}_{y_{03}}$$

答　$\underline{y_0 = 24mm}$

[Y 軸に関する断面一次モーメント S_Y]

$$A \times x_0 = A_1 \times x_{01} + A_2 \times x_{02} + A_3 \times x_{03}$$

$$\underbrace{(\frac{30 \times 60}{2} + 30 \times 60 + \frac{60 \times 60}{2})}_{A} \times x_0 = \underbrace{(\frac{30 \times 60}{2})}_{A_1} \times \underbrace{20}_{x_{01}} + \underbrace{(30 \times 60)}_{A_2} \times \underbrace{45}_{x_{02}} + \underbrace{(\frac{60 \times 60}{2})}_{A_3} \times \underbrace{80}_{x_{03}}$$

答　$\underline{x_0 = 54mm}$

断面二次モーメントは、複数の矩形断面を加算して求めることができる。そのため、断面 A、B の断面二次モーメントの差は、左下図の赤枠断面における断面二次モーメントであり、次のように求めることができる。

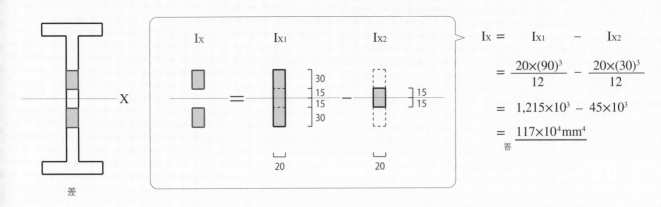

差

$$I_X = I_{X1} - I_{X2}$$

$$= \frac{20\times(90)^3}{12} - \frac{20\times(30)^3}{12}$$

$$= 1{,}215\times10^3 - 45\times10^3$$

$$\underline{= 117\times10^4\,\text{mm}^4}\quad 答$$

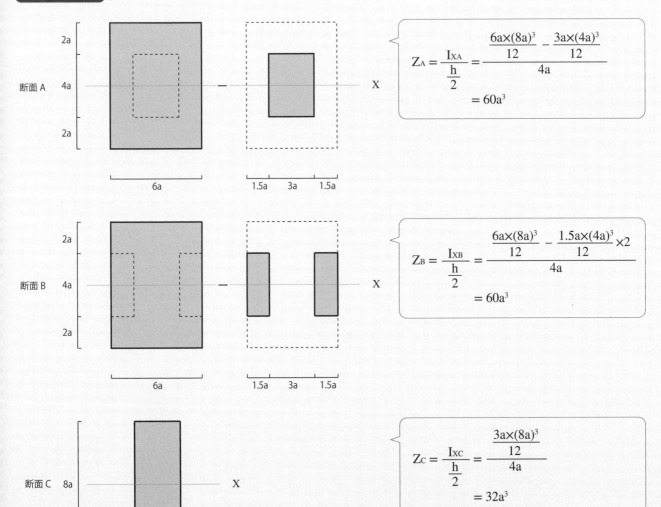

断面 A

$$Z_A = \frac{I_{XA}}{\frac{h}{2}} = \frac{\dfrac{6a\times(8a)^3}{12} - \dfrac{3a\times(4a)^3}{12}}{4a}$$

$$= 60a^3$$

断面 B

$$Z_B = \frac{I_{XB}}{\frac{h}{2}} = \frac{\dfrac{6a\times(8a)^3}{12} - \dfrac{1.5a\times(4a)^3}{12}\times2}{4a}$$

$$= 60a^3$$

断面 C

$$Z_C = \frac{I_{XC}}{\frac{h}{2}} = \frac{\dfrac{3a\times(8a)^3}{12}}{4a}$$

$$= 32a^3$$

答 <u>断面係数 Z の大小関係　　$Z_C < Z_A = Z_B$</u>

[反力]　$\Sigma X = 0$ より　　$H_A = 0$

$\Sigma Y = 0$、① より　$V_A - 6kN + V_B = 0$

　　　　　　　　　$7kN - 6kN + V_B = 0$

　　　　　　　　　$V_B = -1kN$

　　　　　　　　　$V_B = 1kN$（↓）

$\Sigma M_B = 0$ より

$V_A \times 6,000mm - 6kN \times 4,000mm - 18 \times 10^3 kN \cdot mm = 0$

$V_A = 7kN$（↑）　・・・①

[応力]　$\Sigma X = 0$ より　　$N_{C右} = 0$

　　　　　　　　　　$N_C = 0$

　　　$\Sigma Y = 0$ より　　$7kN - Q_{C右} = 0$

　　　　　　　　　　$Q_{C右} = 7kN$

　　　　　　　　　　$Q_C = 7 \times 10^3 N$（↑・↓）

　　　$\Sigma M_C = 0$ より　$7kN \times 1,000mm - M_{C右} = 0$

　　　　　　　　　　$M_{C右} = 7 \times 10^3 kN \cdot mm$

　　　　　　　　　　$M_C = 7 \times 10^6 N \cdot mm$（↻・↺）

[断面]　断面積　　$A = 70mm \times 100mm$

　　　　　　　　$= 7,000 \ mm^2$

　　　　　　　　$= 7 \times 10^3 \ mm^2$

　　　断面係数　$Z_x = \dfrac{bh^2}{6}$

　　　　　　　　$= \dfrac{70 \times 100^2}{6} \ mm^3$

　　　　　　　　$= \dfrac{7 \times 10^5}{6} \ mm^3$

[応力度]　垂直応力度　$\sigma = \dfrac{N_C}{A}$

　　　　　　　　答 $= \underline{0}$

せん断応力度　$\tau = 1.5 \times \dfrac{Q_C}{A}$

　　　　　　　$= 1.5 \times \dfrac{7 \times 10^3 N}{7 \times 10^3 mm^2}$

　　　　　　　答 $= \underline{1.5 N/mm^2}$

曲げ応力度　$\sigma_b = \dfrac{M_C}{Z_x}$

　　　　　　$= \dfrac{7 \times 10^6 N \cdot mm}{\frac{7 \times 10^5}{6} mm^3}$

　　　　　　答 $= \underline{60 N/mm^2}$

$H_A = 0$　$M_{CA右}$　$N_{CA右}$　$Q_{CA右}$　C_A

$V_A = 2.5kN$

3,000　　単純梁A

曲げ応力度　$\sigma_A = \dfrac{M_{CA}}{Z_{XA}} = \dfrac{2.5kN \times 3,000mm}{\frac{100 \times 200^2}{6} mm^3}$

　　　　　　$= \dfrac{7.5 \times 10^6 N/mm^2 \times 6}{100 \times 200^2}$

$H_A = 0$　$M_{CB右}$　$N_{CB右}$　$Q_{CB右}$　C_B

$V_A = 7.5kN$

1,000　　単純梁B

曲げ応力度　$\sigma_B = \dfrac{M_{CB}}{Z_{XB}} = \dfrac{7.5kN \times 1,000mm}{\frac{100 \times 300^2}{6} mm^3}$

　　　　　　$= \dfrac{7.5 \times 10^6 N/mm^2 \times 6}{100 \times 300^2}$

曲げ応力度 $\sigma_A : \sigma_B = \dfrac{7.5 \times 10^6 N/mm^2 \times 6}{100 \times 200^2} : \dfrac{7.5 \times 10^6 N/mm^2 \times 6}{100 \times 300^2} = \dfrac{1}{200^2} : \dfrac{1}{300^2} = \dfrac{1}{4} : \dfrac{1}{9} \underset{答}{=} \underline{9:4}$

解答　練習6-3 p.89

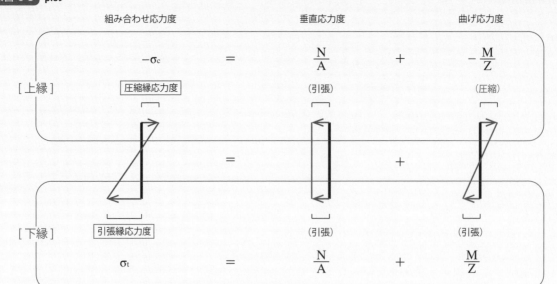

$$[上縁]\quad -\sigma_c = \frac{N}{A} - \frac{M}{Z} = \frac{36\text{kN}}{90\text{mm} \times 200\text{mm}} - \frac{4.5\text{kN} \times 2{,}000\text{mm}}{\dfrac{90 \times 200^2}{6}\text{mm}^3} = 2\text{N/mm}^2 - 15\text{N/mm}^2 = -13\text{N/mm}^2$$

$36\text{kN} = 36 \times 10^3\text{N}$　　鉛直反力 V_B

答　$\underline{\sigma_c = 13\text{N/mm}^2}$

$$[下縁]\quad \sigma_t = \frac{N}{A} + \frac{M}{Z} = \frac{36\text{kN}}{90\text{mm} \times 200\text{mm}} + \frac{4.5\text{kN} \times 2{,}000\text{mm}}{\dfrac{90 \times 200^2}{6}\text{mm}^3} = 2\text{N/mm}^2 + 15\text{N/mm}^2 = 17\text{N/mm}^2$$

答　$\underline{\sigma_t = 17\text{N/mm}^2}$

解答　練習7-1 p.96

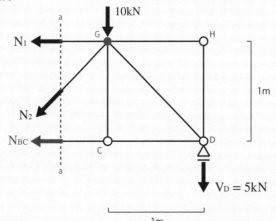

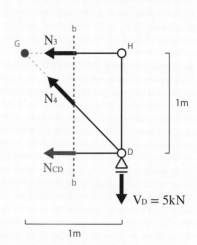

[a-a 切断位置]

$\Sigma M_G = 0$ より

$N_{BC} \times 1\text{m} + 5\text{kN} \times 1\text{m} = 0$

$N_{BC} = -5\text{kN}$　・・・①

[b-b 切断位置]

$\Sigma M_G = 0$ より

$N_{CD} \times 1\text{m} + 5\text{kN} \times 1\text{m} = 0$

$N_{CD} = -5\text{kN}$　・・・②

「$\delta_D = \delta_{BC} + \delta_{CD}$」とひずみの公式、および①、②より、
D 点の水平変位 δ_D を求める。

$$\delta_D = \frac{-5\text{kN} \times 1\text{m}}{EA} + \frac{-5\text{kN} \times 1\text{m}}{EA}$$

答　$\underline{= -\dfrac{10\text{kN}\cdot\text{m}}{EA}}$

トラス A、B、C は同質同断面であるため E と A が等しく、また、下弦材の長さも等しい。そのため、各移動支点の水平変位（$\delta = \dfrac{N\ell}{EA}$）の大小関係は、軸方向力 N の大小関係より求めることができる。

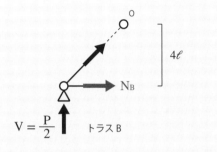
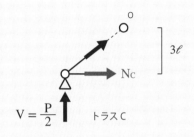

$V = \dfrac{P}{2}$　トラス A　　　　$V = \dfrac{P}{2}$　トラス B　　　　$V = \dfrac{P}{2}$　トラス C

[トラス A]

$\Sigma M_0 = 0$ より

$-N_A \times 8\ell + \dfrac{P}{2} \times 4\ell = 0$

$N_A = \dfrac{P}{4}$

[トラス B]

$\Sigma M_0 = 0$ より

$-N_B \times 4\ell + \dfrac{P}{2} \times 4\ell = 0$

$N_B = \dfrac{P}{2}$

[トラス C]

$\Sigma M_0 = 0$ より

$-N_C \times 3\ell + \dfrac{P}{2} \times 4\ell = 0$

$N_C = \dfrac{2P}{3}$

軸方向力 N_A、N_B、N_C の大小関係　　　$N_A < N_B < N_C$

答　水平変位 δ_A、δ_B、δ_C の大小関係　　　$\delta_A < \delta_B < \delta_C$

[座屈長さ]

「$\ell_{kA} = 2.0 \times 2h = 4h$」「$\ell_{kB} = 2.0 \times 2h = 4h$」「$\ell_{kC} = 0.5 \times 8h = 4h$」であり、座屈長さは等しい（$\ell_{kA} = \ell_{kB} = \ell_{kC}$）。

[弱軸の断面二次モーメント]

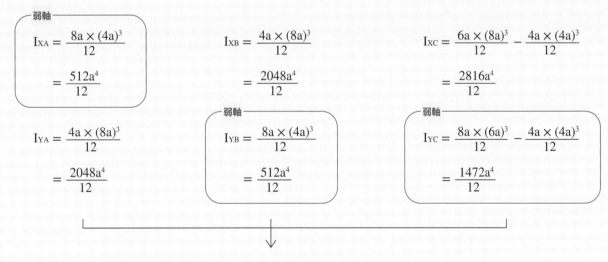

弱軸

$I_{XA} = \dfrac{8a \times (4a)^3}{12}$

$\qquad = \dfrac{512a^4}{12}$

$I_{XB} = \dfrac{4a \times (8a)^3}{12}$

$\qquad = \dfrac{2048a^4}{12}$

$I_{XC} = \dfrac{6a \times (8a)^3}{12} - \dfrac{4a \times (4a)^3}{12}$

$\qquad = \dfrac{2816a^4}{12}$

$I_{YA} = \dfrac{4a \times (8a)^3}{12}$

$\qquad = \dfrac{2048a^4}{12}$

弱軸

$I_{YB} = \dfrac{8a \times (4a)^3}{12}$

$\qquad = \dfrac{512a^4}{12}$

弱軸

$I_{YC} = \dfrac{8a \times (6a)^3}{12} - \dfrac{4a \times (4a)^3}{12}$

$\qquad = \dfrac{1472a^4}{12}$

弱軸の断面二次モーメント I の大小関係　　　$I_{XA} = I_{YB} < I_{YC}$

公式　$P_e = \dfrac{\pi^2 EI}{\ell_k{}^2}$　により、弾性座屈荷重 P_A、P_B、P_C の大小関係を比較する。なお、構造体 A、B、C の円周率 π、ヤング係数 E、座屈長さ ℓ_k はいずれも等しいことから、断面二次モーメント I の比較のみで答えを導くことができる。また、断面二次モーメント I は公式の分子にあり、弾性座屈荷重 P_e に比例するため、弱軸の断面二次モーメント I の大小関係がそのまま弾性座屈荷重 P_e の大小関係となる。

弾性座屈荷重 P_e の大小関係　答　$P_A = P_B < P_C$

答　2、5、7 が不適当である。

支持条件	水平移動自由	水平移動拘束
座屈形状		
座屈長さ	$1.0\,\ell$	$0.5\,\ell$

1．柱材のヤング係数が 2 倍になると 2 倍になる。

　　弾性座屈荷重 $P_e = \dfrac{\pi^2(2E)I}{\ell_k{}^2} = \dfrac{\pi^2 EI}{\ell_k{}^2} \times 2$

2．柱の長さが 1/2 倍になると 2 倍になる。　　・・・4 倍になる

　　弾性座屈荷重 $P_e = \dfrac{\pi^2 EI}{(\frac{1}{2} \times \ell_k)^2} = \dfrac{\pi^2 EI}{\ell_k{}^2} \times 4$

3．柱頭の水平移動を自由とした場合に比べて、水平移動を拘束した場合のほうが大きい。

　　水平移動を拘束したほうが、座屈長さ ℓ_k の値は小さくなる。そのため、弾性座屈荷重 P_e は大きくなる。

$$P_e = \frac{\pi^2 EI}{\ell_k{}^2}$$

4．柱の材端条件が B の場合より D の場合のほうが小さい。

$$\frac{\pi^2 EI}{(0.7\ell)^2} > \frac{\pi^2 EI}{(1.0\ell)^2}$$

5．柱の材端条件が C の場合より A の場合のほうが大きい。　　・・・小さい

$$\frac{\pi^2 EI}{(1.0\ell)^2} > \frac{\pi^2 EI}{(2.0\ell)^2}$$

6．柱の幅の 4 乗に比例する。

　　この問題のように正方形断面（b = h）である場合には、断面二次モーメント $I = \dfrac{bh^3}{12} = \dfrac{b^4}{12}$ である。つまり、I は柱の幅 b の 4 乗に比例する。加えて、弾性座屈荷重 P_e は I に比例するため、弾性座屈荷重 P_e は柱の幅の 4 乗に比例する。

$$P_e = \frac{\pi^2 EI}{\ell_k{}^2}$$

7．正方形断面を保ちながら柱断面積が 2 倍になると 2 倍になる。　　・・・4 倍になる

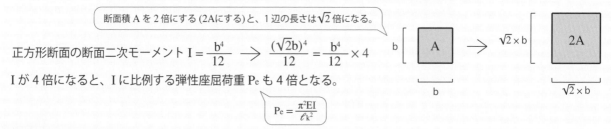

断面積 A を 2 倍にする（2Aにする）と、1 辺の長さは $\sqrt{2}$ 倍になる。

　　正方形断面の断面二次モーメント $I = \dfrac{b^4}{12} \longrightarrow \dfrac{(\sqrt{2}b)^4}{12} = \dfrac{b^4}{12} \times 4$

　　I が 4 倍になると、I に比例する弾性座屈荷重 P_e も 4 倍となる。

$$P_e = \frac{\pi^2 EI}{\ell_k{}^2}$$

たわみ角の公式を用いて、各梁のたわみ角 θ_A、θ_B を求める。なお、ただし書きに「それぞれの梁は等質等断面の弾性部材とし」と書かれていることから、「ヤング係数 E」および「断面二次モーメント I」は等しい。

たわみ角 $\theta_A = \dfrac{3kN \times (3m)^2}{2EI}$

たわみ角 $\theta_B = \dfrac{M_B \times 3m}{EI}$

「たわみ角 θ_A ＝ たわみ角 θ_B」より

$$\frac{3kN \times (3m)^2}{2EI} = \frac{M_B \times 3m}{EI}$$

$$3kN \times 3m = 2M_B$$

答　$M_B = 4.5\,kN\cdot m$

解答　練習 7-6 p.118

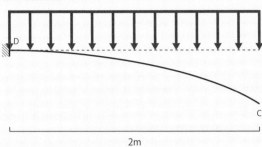

$\omega = 3\text{kN/m}$

2m

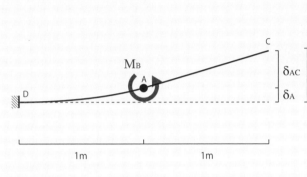

M_B

1m　1m

等分布荷重 ω によって生じるたわみ δ_{Ca} と M_B によって生じるたわみ δ_{Cb} を加算すると、ω と M_B が同時に作用したときのたわみ $\delta_C = 0$ となる。

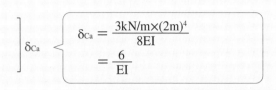

$$\delta_{Ca} = \frac{3\text{kN/m} \times (2\text{m})^4}{8EI} = \frac{6}{EI}$$

「$\delta_{Cb} = \delta_A + \delta_{AC}$」より
$$\delta_{Cb} = \frac{M_B(1\text{m})^2}{2EI} + \frac{M_B \times 1\text{m}}{EI} \times 1\text{m} = \frac{3M_B}{2EI}$$

「$\delta_{Ca} - \delta_{Cb} = 0$」より
$$\frac{6}{EI} - \frac{3M_B}{2EI} = 0$$

答 $M_B = 4\text{kN·m}$

解答　練習 7-7 p.119

「たわみ $\delta = \dfrac{P\ell^3}{48EI}$」および「断面二次モーメント $I_x = \dfrac{bh^3}{12}$」より

$$\text{たわみ }\delta_A : \delta_B = \frac{P\ell^3}{48E \times \frac{a \times a^3}{12}} : \frac{P(2\ell)^3}{48E \times \frac{a \times a^3}{12} \times 2}$$

$$= \frac{12P\ell^3}{48Ea^4} : \frac{48P\ell^3}{48Ea^4}$$

答 $= 1 : 4$

解答　練習 8-1 p.124

(1)　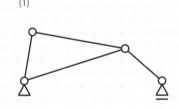

(2)　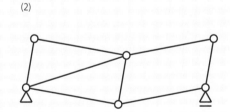

解答　練習 8-2 p.125

(1)　$(3 + 3 + 1) - 2 \times 4 = -1$　・・・　答 不安定

(2)　$(4 + 3 + 2) - 2 \times 4 = 1$　・・・　答 安定・一次不静定

(3)　$(5 + 3 + 2) - 2 \times 4 = 2$　・・・　答 安定・二次不静定

解答　練習 9-1 p.136

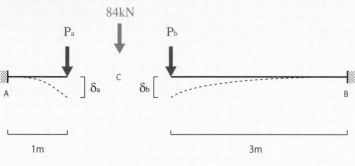

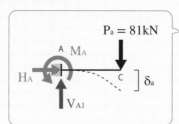

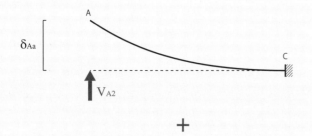

$+$

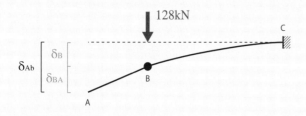

[梁 1]

「$\delta_a = \delta_b$」より

$$\frac{P_a(1m)^3}{3EI} = \frac{P_b(3m)^3}{3EI}$$

$$P_a = 27P_b \quad \cdots ①$$

「$P_a + P_b = 84kN$」および①より

$$27P_b + P_b = 84kN$$

$$P_b = 3kN$$

$$P_a = 27 \times 3kN$$

$$= 81kN \quad \cdots ②$$

$\Sigma Y = 0$、②より

$$V_{A1} - 81kN = 0$$

$$V_{A1} = 81kN （↑）\cdots ③$$

[梁 2]

「$\delta_{Ab} = \delta_B + \delta_{BA}$」「$\delta_{BA} = \theta_{BA} \times 1m$」より

$$\delta_{Ab} = \delta_B + \theta_{BA} \times 1m$$

$$= \frac{128kN(3m)^3}{3EI} + \frac{128kN(3m)^2}{2EI} \times 1m$$

$$= \frac{576}{EI} \quad \cdots ④$$

「$\delta_{Aa} - \delta_{Ab} = 0$」、④より

$$\frac{V_{A2}(4m)^3}{3EI} - \frac{576}{EI} = 0$$

$$V_{A2} = 27kN （↑）\cdots ⑤$$

[梁 1 と梁 2 の関係]

③、⑤より

$$V_{A1} : V_{A2} = 81kN : 27kN$$

$$答 = \underline{3 : 1}$$

解答　練習 9-2 p.136

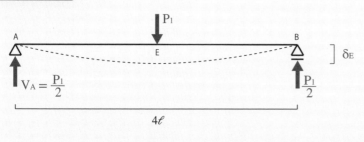

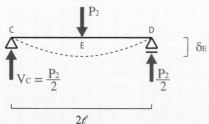

E 節点に作用する荷重 P を、「部材 AB を変形させる荷重 P_1」と「部材 CD を変形させる荷重 P_2」に分割し、それぞれのたわみを考える。

$$\delta_E = \boxed{\frac{P_1(4\ell)^3}{48EI}}_{\text{部材 AB のたわみ}} = \boxed{\frac{P_2(2\ell)^3}{48EI}}_{\text{部材 CD のたわみ}}$$

$$8P_1 = P_2$$

$$P_1 : P_2 = 1 : 8 \quad \cdots ①$$

「$V_A : V_C = \dfrac{P_1}{2} : \dfrac{P_2}{2}$」、①より

$$答 \quad \underline{V_A : V_C = 1 : 8}$$

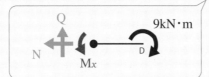

BD 間のモーメント応力 M_x は 9kN・m である（M_{BD} = 9kN・m、M_D = 9kN・m）。そのため、B 節点に 9kN・m のモーメント応力が作用しているものとして、BA 間および BC 間のモーメント分布を求める。

「$M_B = M_{BA} + M_{BC}$」「$M_B = 9kN・m$」より

$$9kN・m = M_{BA} + M_{BC} \quad ・・・①$$

接合部 B に作用するモーメントは、各部材の剛度 K に応じて分割される。

「$M_{BA} : M_{BC} = K_{BA} : K_{BC}$」より

$$M_{BA} : M_{BC} = \frac{3EI}{2m} : \frac{2EI}{2m} \times \frac{3}{4}$$

$$= 2 : 1$$

$$2M_{BC} = M_{BA} \quad ・・・④$$

①、④より

$$9kN・m = 2M_{BC} + M_{BC}$$

$$M_{BC} = 3kN・m \quad ・・・⑤$$

①、⑤より

$$9kN・m = M_{BA} + 3kN・m$$

$$M_{BA} = 6kN・m$$

$$M_A = M_{BA} \times \frac{1}{2} = 3kN・m$$

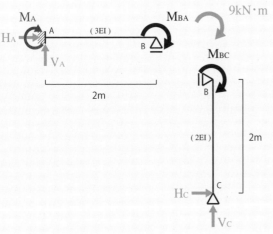

答

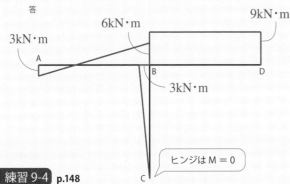

ヒンジは M = 0

「$Q = \dfrac{M_a + M_b}{\ell}$」より

$$Q_3 = Q_4 = \frac{140kN・m + 100kN・m}{4m} = 60kN$$

$$Q_1 = Q_2 = \frac{180kN・m + 220kN・m}{4m} = 100kN$$

[a-a 切断位置]　$\Sigma X = 0$ より

$$P_2 - Q_3 - Q_4 = 0$$

$$P_2 - 60kN - 60kN = 0$$

$$P_2 = 120kN$$

[b-b 切断位置]　$\Sigma X = 0$ より

$$P_2 + P_1 - Q_1 - Q_2 = 0$$

$$120kN + P_1 - 100kN - 100kN = 0$$

答　$\underline{P_1 = 80kN}$

$\Sigma M_A = 0$ より

$$P_2 \times 8m + P_1 \times 4m - V_B \times 8m = 0$$

$$120kN \times 8m + 80kN \times 4m - V_B \times 8m = 0$$

答　$\underline{V_B = 160kN（↑）}$

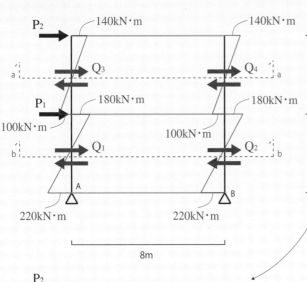

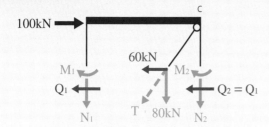

斜めに作用する引張力 T = 100kN を、X 軸、Y 軸方向に分解した上で、左図の構造モデルを用いてつり合い条件式を行う。なお、梁が剛体で左右の柱が同条件（等質等断面）であれば、柱に生じるせん断力の大きさは等しいため、「$Q_1 = Q_2$」である。

$\Sigma X = 0$、「$Q_1 = Q_2$」より

$$100kN - Q_1 - 60kN - Q_1 = 0$$
$$Q_1 = 20kN$$

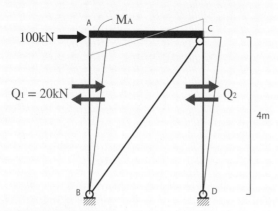

モーメント図の傾きから、柱頭のモーメント M_A を求める。なお、B 点は回転支点であるため、モーメントは 0 である。

「$Q = \dfrac{M_a + M_b}{\ell}$」より

$$Q_1 = \frac{M_A + M_B}{4m}$$
$$20kN = \frac{M_A + 0kN \cdot m}{4m}$$

答　$\underline{M_A = 80kN \cdot m}$

梁が剛体であれば、$\delta_B = \delta_2$

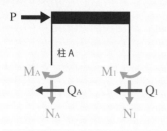

$$Q_A : Q_1 = K_A \times \delta_A : K_1 \times \delta_1$$
$$= \frac{3EI}{h^3} : \frac{3EI}{h^3}$$
$$= 1 : 1$$

$\Sigma X = 0$、「$Q_A = Q_1$」より
$$P - Q_A - Q_1 = 0$$
$$Q_A = \frac{P}{2}$$

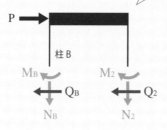

$$Q_B : Q_2 = K_B \times \delta_B : K_2 \times \delta_2$$
$$= \frac{3EI}{h^3} : \frac{12EI}{h^3}$$
$$= 1 : 4$$

$\Sigma X = 0$、「$4Q_B = Q_2$」より
$$P - Q_B - Q_2 = 0$$
$$Q_B = \frac{P}{5}$$

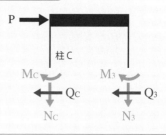

$$Q_C : Q_3 = K_C \times \delta_C : K_3 \times \delta_3$$
$$= \frac{12EI}{h^3} : \frac{12EI}{h^3}$$
$$= 1 : 1$$

$\Sigma X = 0$、「$Q_C = Q_3$」より
$$P - Q_C - Q_3 = 0$$
$$Q_C = \frac{P}{2}$$

答　$\underline{Q_B < Q_A = Q_C}$

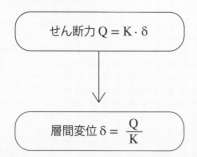

せん断力 $Q = K \cdot \delta$

層間変位 $\delta = \dfrac{Q}{K}$

[1 階の層せん断力]

$\Sigma X = 0$ より
$$2P + P - Q_1 = 0$$
$$Q_1 = 3P$$

[2 階の層せん断力]

$\Sigma X = 0$ より
$$2P - Q_2 = 0$$
$$Q_2 = 2P$$

「$\delta = \dfrac{Q}{K}$」より

$$\delta_1 : \delta_2 = \frac{Q_1}{K_1} : \frac{Q_2}{K_2} = \frac{3P}{2K} : \frac{2P}{K} = \underline{3 : 4}$$

答

$$K_A = K_{Aa} + K_{Ab} = \frac{12(2EI)}{h^3} + \frac{12(2EI)}{h^3}$$
$$= \frac{48EI}{h^3}$$
$$T_A = 2\pi\sqrt{\frac{16m}{K_A}} = 2\pi\sqrt{16m \times \frac{h^3}{48EI}}$$
$$= 2\pi\sqrt{\frac{1}{3} \times \frac{mh^3}{EI}}$$

$$K_B = K_{Ba} + K_{Bb} = \frac{12EI}{h^3} + \frac{12EI}{h^3}$$
$$= \frac{24EI}{h^3}$$
$$T_B = 2\pi\sqrt{\frac{2m}{K_B}} = 2\pi\sqrt{2m \times \frac{h^3}{24EI}}$$
$$= 2\pi\sqrt{\frac{1}{12} \times \frac{mh^3}{EI}}$$

$$K_C = \frac{3(9EI)}{(3h)^3}$$
$$= \frac{EI}{h^3}$$
$$T_C = 2\pi\sqrt{\frac{3m}{K_C}} = 2\pi\sqrt{3m \times \frac{h^3}{EI}}$$
$$= 2\pi\sqrt{3 \times \frac{mh^3}{EI}}$$

$$T_A : T_B : T_C = \sqrt{\frac{1}{3}} : \sqrt{\frac{1}{12}} : \sqrt{3}$$
$$= \sqrt{\frac{1}{3}} \times \sqrt{12} : \sqrt{\frac{1}{12}} \times \sqrt{12} : \sqrt{3} \times \sqrt{12}$$

答 $= \underline{2 : 1 : 6}$

$$T_A = 2\pi\sqrt{\frac{m}{K}}$$

$$T_B = 2\pi\sqrt{\frac{m}{2K}}$$

$$T_C = 2\pi\sqrt{\frac{2m}{K}}$$

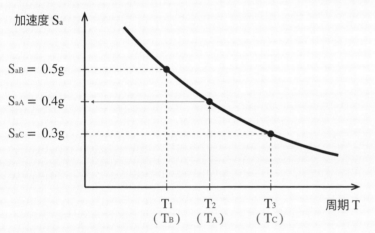

$$T_B < T_A < T_C$$

「$Q = m \times S_a$」より

$$Q_A = m \times S_{aA} = m \times 0.4g = 0.4mg$$
$$Q_B = m \times S_{aB} = m \times 0.5g = 0.5mg$$
$$Q_C = 2m \times S_{aC} = 2m \times 0.3g = 0.6mg$$

答 $\underline{Q_A < Q_B < Q_C}$

加速度 S_a

$S_{aB} = 0.5g$
$S_{aA} = 0.4g$
$S_{aC} = 0.3g$

$T_1 \quad T_2 \quad T_3 \qquad$ 周期 T
$(T_B) \quad (T_A) \quad (T_C)$

$$I_A = \frac{\pi d^4}{64}$$
$$K_A = \frac{3E \times \frac{\pi d^4}{64}}{h^3} = \frac{3E\pi d^4}{64h^3}$$
$$T_A = 2\pi\sqrt{\frac{m}{K_A}} = 2\pi\sqrt{m \times \frac{64h^3}{3E\pi d^4}}$$
$$= 2\pi\sqrt{\frac{64}{3} \times \frac{mh^3}{E\pi d^4}}$$

$$I_B = \frac{\pi(2d)^4}{64} = \frac{\pi d^4}{4}$$
$$K_B = \frac{3E \times \frac{\pi d^4}{4}}{h^3} = \frac{3E\pi d^4}{4h^3}$$
$$T_B = 2\pi\sqrt{\frac{2m}{K_B}} = 2\pi\sqrt{2m \times \frac{4h^3}{3E\pi d^4}}$$
$$= 2\pi\sqrt{\frac{8}{3} \times \frac{mh^3}{E\pi d^4}}$$

$$I_C = \frac{\pi(2d)^4}{64} = \frac{\pi d^4}{4}$$
$$K_C = \frac{3E \times \frac{\pi d^4}{4}}{(2h)^3} = \frac{3E\pi d^4}{32h^3}$$
$$T_C = 2\pi\sqrt{\frac{m}{K_C}} = 2\pi\sqrt{m \times \frac{32h^3}{3E\pi d^4}}$$
$$= 2\pi\sqrt{\frac{32}{3} \times \frac{mh^3}{E\pi d^4}}$$

答 $\underline{T_B < T_C < T_A}$

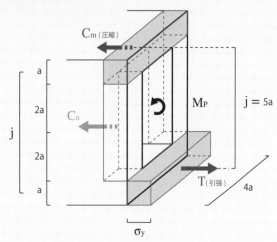

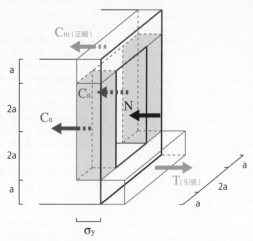

[全塑性モーメント M_P]

$$M_P = C_m \times j = T \times j$$
$$T = C_m = \sigma_y \times 4a \times a$$
$$j = 5a$$

$$M_P = \underset{T\ or\ C_m}{\sigma_y \times 4a \times a} \times \underset{j}{\dfrac{5a}{}}$$

答 $\underline{20a^3\sigma_y}$

[軸方向力 N]

$$N = C_n$$
$$C_n = \sigma_y \times a \times 4a \times 2 = 8a^2\sigma_y$$

答 $\underline{N = 8a^2\sigma_y}$

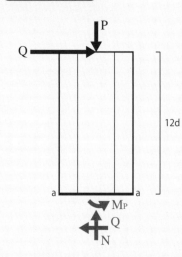

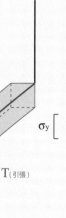

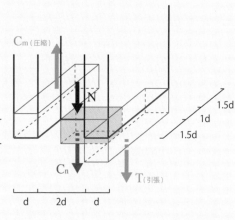

[応力]

$$M_P = Q \times 12d \qquad \cdots ①$$
$$N = P \qquad \cdots ②$$

[全塑性モーメント M_P]

$$M_P = C_m \times j = T \times j$$
$$T = C_m = d \times 4d \times \sigma_y$$
$$j = 3d$$

$$M_P = \underset{T\ or\ C_m}{d \times 4d \times \sigma_y} \times \underset{j}{\dfrac{3d}{}}$$
$$= 12d^3\sigma_y$$

「$M_P = 12d^3\sigma_y$」、①より
$$Q \times 12d = 12d^3\sigma_y$$
$$\underline{Q = d^2\sigma_y}$$

[軸方向力 N]

$$N = C_n$$
$$C_n = 2d \times d \times \sigma_y = 2d^2\sigma_y$$

$$N = 2d^2\sigma_y$$

「$N = 2d^2\sigma_y$」、②より
$$\underline{P = 2d^2\sigma_y}$$

$$P : Q = 2d^2\sigma_y : d^2\sigma_y$$

答 $\underline{= 2 : 1}$

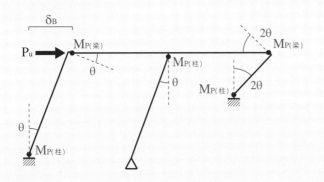

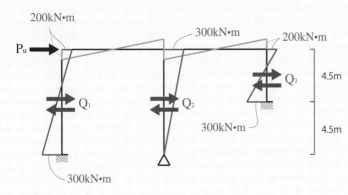

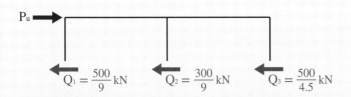

[外力による仕事量 $\Sigma P_u \cdot \delta$]

$$\Sigma P_u \cdot \delta = P_u \times \delta_B$$
$$= P_u \times \theta \times 9m$$

[内力による仕事量 $\Sigma M_P \cdot \theta$]

$$\Sigma M_P \cdot \theta = M_{P(柱)} \times \theta + M_{P(梁)} \times \theta + M_{P(柱)} \times \theta$$
$$+ M_{P(梁)} \times 2\theta + M_{P(柱)} \times 2\theta$$
$$= 300kN \cdot m \times \theta + 200kN \cdot m \times \theta + 300kN \cdot m \times \theta$$
$$+ 200kN \cdot m \times 2\theta + 300kN \cdot m \times 2\theta$$
$$= 1800kN \cdot m \times \theta$$

[$\Sigma P_u \cdot \delta = \Sigma M_P \cdot \theta$]

「$\Sigma P_u \cdot \delta = \Sigma M_P \cdot \theta$」および①、②より

$$P_u \times 9m \times \theta = 1800kN \cdot m \times \theta$$

答 $\underline{P_u = 200kN}$

別解　[崩壊機構から M 図を描く]

$$Q_1 = \frac{200kN \cdot m + 300kN \cdot m}{9m} = \frac{500}{9}kN$$

$$Q_2 = \frac{300kN \cdot m + 0}{9m} = \frac{300}{9}kN$$

$$Q_3 = \frac{200kN \cdot m + 300kN \cdot m}{4.5m} = \frac{500}{4.5}kN$$

$\Sigma X = 0$ より

$$P_u - Q_1 - Q_2 - Q_3 = 0$$
$$P_u - \frac{500}{9}kN - \frac{300}{9}kN - \frac{500}{4.5}kN = 0$$

答 $\underline{P_u = 200kN}$

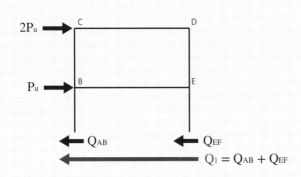

[外力による仕事量 $\Sigma P_u \cdot \delta$]

$$\Sigma P_u \cdot \delta = 2P_u \times \theta \times 10m + P_u \times \theta \times 6m$$
$$= 26P_u \times \theta \qquad \cdots ①$$

[内力による仕事量 $\Sigma M_P \cdot \theta$]

$$\Sigma M_P \cdot \theta = 4 \times M_{P(梁)} \times \theta + 2 \times M_{P(柱)} \times \theta$$
$$= 4 \times 350 \times \theta + 2 \times 600 \times \theta$$
$$= 2600 \times \theta \qquad \cdots ②$$

[$\Sigma P_u \cdot \delta = \Sigma M_P \cdot \theta$]

「$\Sigma P_u \cdot \delta = \Sigma M_P \cdot \theta$」および①、②より

$$26P_u \times \theta = 2600 \times \theta$$
$$P_u = 100kN$$

[応力]

$\Sigma X = 0$ より

$$2P_u + P_u - Q_1 = 0$$
$$2 \times 100kN + 100kN - Q_1 = 0$$

答 $\underline{Q_1 = 300kN}$

塚野 路哉〔つかの みちや〕

一級建築士／塚野建築設計事務所 代表

博士（工学）／広島女学院大学 准教授

AR House Awards 最優秀賞や Daylight Spaces 最優秀賞、SD Review ほか、国内外の建築賞を多数受賞

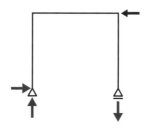

解きながら学ぶ　構造力学

2021 年 9 月 10 日　第 1 版第 1 刷発行

著　者　塚野路哉

発行者　前田裕資

発行所　株式会社学芸出版社
　　　　京都市下京区木津屋橋通西洞院東入
　　　　〒600-8216　電話 075-343-0811
　　　　http://www.gakugei-pub.jp
　　　　E-mail:info@gakugei-pub.jp

編　集　井口夏実

ＤＴＰ　村角洋一デザイン事務所

装　丁　見増勇介＋関屋晶子〔ym design〕

印　刷　創栄図書印刷

製　本　新生製本